W0175055

GÜTERSLOHER
VERLAGSHAUS

Entdecken Sie mehr auf
www.gtvh.de

Thomas Weiß

Beglänzt von seinem Lichte

Werkstattbuch Advent, Weihnachten, Jahreswechsel und Epiphanias

Gütersloher Verlagshaus

Bibliografische Information der Deutschen Nationalbibliothek
Die Deutsche Nationalbibliothek verzeichnet diese Publikation
in der Deutschen Nationalbibliografie; detaillierte bibliografische
Daten sind im Internet über https://portal.dnb.de abrufbar.

Verlagsgruppe Random House FSC® N001967.
Das für dieses Buch verwendete FSC®-zertifizierte Papier
Munken Premium Cream liefert Arctic Paper Munkedals AB, Schweden.

Quellennachweis: Die Bibeltexte stammen aus: Lutherbibel, revidierter Text 1984, durchgesehene Ausgabe. © 1999 Deutsche Bibelgesellschaft, Stuttgart.
S. 135/136 und 174/175: »Maria«, aus: Bertolt Brecht, Werke. Große kommentierte Berliner und Frankfurter Ausgabe, Band 13: Gedichte 3. © Bertolt-Brecht-Erben / Suhrkamp Verlag 1993.
S. 156/157: »Wir harren Christ«, aus: Rudolf Alexander Schröder, Gesammelte Werke in fünf Bänden. Band I: Die Gedichte. © Suhrkamp Verlag Berlin und Frankfurt am Main 1952. Alle Rechte bei und vorbehalten durch Suhrkamp Verlag Berlin.

1. Auflage
Copyright © 2014 by Gütersloher Verlagshaus, Gütersloh,
in der Verlagsgruppe Random House GmbH, München

Umschlagmotiv: © candy1812 – Fotolia.com
Druck und Einband: Těšínská tiskárna, a.s., Český Těšín
Printed in Czech Republic
ISBN 978-3-579-06196-2

www.gtvh.de

Den Freundinnen und Freunden in Luther,
um Luther und um Luther herum.

Inhalt

Zur Zeit
Vorwort   8

Künftig!
Gottesdienstreihe im Advent   11

Mache dich auf, werde licht
Vier Andachten im Advent   58

Erst eins, dann zwei ...
Andachten zum Advent   87

Muss das sein?
Christvesper zum Heiligen Abend   111

Durch ein' Dornwald
Christmette zur Heiligen Nacht   131

Kindskopf
Meditative Feier zur Heiligen Nacht   143

Zeitnah
Gottesdienst zum 1. Christtag   154

All dies kam vom Gesicht ihres Sohnes ...
Literarischer Gottesdienst zum 1. Christtag   167

Stresstest
Gottesdienst zum Altjahrsabend 181

Schneller, höher, weiter
Gottesdienst zum Altjahrsabend 196

Meine Zeit steht in deinen Händen
Gebet zum Jahresende 210

Kannitverstan
Gottesdienst zum Neujahrsmorgen 216

Ganz frisch und neu
Gottesdienst zum Neujahrsmorgen 230

Alles so schön bunt hier!
Gottesdienst zum Epiphaniastag 243

Lichtquellen – Kerzenschein, Glühbirne, Scheinwerfer, Flutlicht
Meditation zum Epiphaniastag 257

Anhang 269

Zur Zeit
Vorwort

»Wie soll ich dich empfangen und wie begegn ich dir?«
– diese reichlich verlegene Frage, mit der Paul Gerhardts
Adventslied beginnt (EG 11), stelle ich mir regelmäßig jedes Jahr, wenn Advents- und Weihnachtszeit schneller auf
mich zukommen als im Lauf des Kirchenjahres gedacht.
Was kann ich sagen, beten, singen lassen, das ich nicht
schon viele Male gesagt, gebetet und gesungen habe? Was
soll ich mit dieser »zeitlosen« Geschichte, mit dem allzu
gewohnten Rhythmus am Jahresende und -anfang beginnen, damit sie mir und den vielen, die zu dieser Kirchenjahreszeit trotz aller Unkenrufe Gottesdienste besuchen,
nicht langweilig werden? Alle Jahre wieder versuche ich
– nicht neue, aber – andere Antworten auf die Weih-
nachtsbotschaft und den Jahreswechsel zu finden. Jedes
Jahr frage ich, lausche ich, ob sie noch etwas anderes (oder
etwas anders) sprechen als mit dem bekannten Tonfall,
dem üblichen Duktus und den wohlvertrauten Bildern.
   Es ist eine Gratwanderung. Da sind die legitimen Er-
wartungen der »Weihnachtschristinnen und -christen«, die
ich für beachtlich halte und denen ich mich verpflichtet
fühle, auch wenn ich den Wunsch nach Romantisierung,
nach heiler Familie und leuchtenden Kinderaugen (auch
der eigenen Seele) nicht immer teile. Und da ist die Erfahrung, dass diese alte Geschichte eben nicht alt ist und
nicht aus guter alter Zeit stammt, nicht »zeitlos« ist, sondern zeitnah – jeder Zeit nah, der unseren auch.

Von der Zeit und vom »Herrn der Zeiten« ist in diesen fünf Wochen vom 1. Advent bis zum Epiphaniastag auffällig viel die Rede: vom kommenden Gott und vom angekommenen, der bei uns ankam »zur Zeit, da Quirinius Statthalter in Syrien war«, vom Gott, der uns durch das Jahr begleitet hat und uns Hoffnung zuspricht für die Zeit des neuen Jahres, vom »Morgenstern« schließlich, der bei uns bleibt bis zum »Abend dieser Welt« (EG 74).

Um unsere Zeit ist es den Gottesdienstentwürfen und Andachten zu tun, die in diesem Werkstattbuch versammelt sind, oder besser: darum, den »Ewigen«, der ein Mensch wird und der unsere Zeit und unsere Zeiten im Blick hat, im Fokus seiner Liebe, singend, betend und predigend mit unserer Gegenwart zu versprechen, ihn in unsere Zeit hineinzusprechen.

Wer für sich selbst in diesem Buch liest, zur eigenen Besinnung und Andacht, und wer es als Werkbuch verwendet, zur Vorbereitung der Fülle der Gottesdienste von Advent bis zum Erscheinungsfest, der möge Raum für die eigene Stimme, die eigenen Einsichten und Erfahrungen darin finden.

Die vorliegenden Gottesdienste und Andachten sind in den Gemeinden, in denen ich bisher arbeiten durfte, erprobt – also in handfesten gemeindlichen und seelsorglichen Situationen gefeiert, mit Lokalkolorit gefärbt (den Badener wird man nicht überlesen) und der Zeit, da sie erdacht und gefeiert wurden, verbunden. Wie sollte es auch anders sein! Rechte Liturgie, rechte Predigt sind das.

Ich habe versucht, das allzu Lokale, allzu Zeitgebundene zurückzunehmen – bitte tragen Sie es für Ihre je eigene Situation wieder ein.

Die vorgeschlagenen Lieder in den Gottesdiensten dürfen getrost als »Statthalter« verstanden werden. In mancher Gemeinde wird es den befreundeten Musiker, die versierte Sängerin mit Kirchennähe, den gepflegten Kirchenchor, die innovative Kirchenband geben, die die Advents-, Weihnachts-, Jahreswechselgottesdienste gerne bereichern. In den Andachten gehören Liedgut und Liedtext oft in die Besinnung mit hinein.

Den alten Wunsch, dies Buch möge zum – persönlichen oder gemeindlichen –»gesegneten Gebrauch« nütze sein, hege ich mit Nachdruck. Seien Sie versichert: Gott ist dabei, bei aller Besinnung und Vorbereitung, auch wenn's mal eng wird um die Feiertage. Er ist dabei – zeitnah, und Zeit wird bei ihm nicht knapp.

In der Epiphaniaszeit 2014
Thomas Weiß

Künftig!
Gottesdienstreihe im Advent

Künftig! Herkunft
Gottesdienst zum 1. Advent

Orgelvorspiel

🎼 **Lied: Macht hoch die Tür** ... (EG 1,1–3)

Votum – Amen

Begrüßung:

Sehr herzlich begrüße ich Sie zum 1. Advent, zum Beginn eines neuen Kirchenjahres – und in diesem Jahr zum Beginn einer Gottesdienst- und Predigtreihe, die beim Grundthema des Advent verweilt: bei der Ankunft, denn »Advent« heißt »Ankunft«. Wir besinnen uns auf die Ankunft Jesu in Jerusalem, die Ankunft Gottes in unserer Zeit und Welt, in unserem persönlichen Leben. Wie ist das, wenn Gott kommt? Wer oder was kommt da an, und woher kommt er, und wenn er dann da ist, wohin führt's? Mit Herkunft – Ankunft – Auskunft – Zukunft begleiten uns diese Fragen durch den Advent.

Der Gott, der nicht fern bleibt, der sich auf den Weg macht und ankommt bei uns, unser Gott, der sei mit euch – **und mit deinem Geist.**

... dass Gott, der große Gott, einziehe – Psalmgebet (nach Psalm 24):

Macht die Tore weit und sperrt die Türen auf in aller Welt,
dass Gott, der große Gott, einziehe!
Wer ist der große Gott?
Es ist unser Gott, stark und wirksam, unser Gott,
dessen Liebe sich durchsetzt.
Macht die Tore weit und sperrt die Türen auf in aller Welt,
dass Gott, der große Gott, einziehe!
Wer ist der große Gott?
Es ist unser Gott, zu dem Himmel und Erde gehören.
Er ist der große Gott.

Macht hoch die Tür, die Tor macht weit,
eu'r Herz zum Tempel zubereit.
Die Zweiglein der Gottseligkeit,
steckt an mit Andacht, Lust und Freud;
so kommt der König auch zu euch,
ja, Heil und Leben mit zugleich,
Gelobet sei mein Gott,
voll Rat, voll Tat, voll Gnad. (EG 1,4)

Die Erde gehört unserem Gott,
der ganze Erdkreis und die darauf wohnen gehören zu ihm.

Ehre sei dem Vater ...

Bitte beten Sie mit mir:
Schau, mein Gott, ich öffne die Tür meines Herzens,
ich tu die Tore meiner Seele auf.
Du musst nicht erst klopfen und lange vor der Tür stehen –

ich warte schon auf dich!
Zieh ein und bring deinen Glanz mit,
deine Wärme soll all meine Zimmer erfüllen
und dein Licht alles Dunkle vertreiben.

Zieh ein, mein Gott,
nimm Wohnung, und nicht nur vorübergehend,
nicht nur als Gast.
Erfülle mich, Gott, damit ich gerne bei mir selbst
zuhause bin.
Das bitte ich dich, mein Gott: Erbarme dich!

Kyrie (EG 178.11), oder: Advents-Kyrie (EG 178.6)

Gott hört uns und er schweigt nicht,
und das ist es, was Gott uns zusagt:
Freue dich und sei fröhlich, du Tochter Zion!
Denn siehe, ich komme und will bei dir wohnen!

Ehre sei Gott in der Höhe – **und auf Erden Fried und den Menschen ein Wohlgefallen**

🎼 **Lied: Tochter Zion ... (EG 13,1–3)**

📖 Lesung: Matthäus 21,1-9

Als sie nun in die Nähe von Jerusalem kamen, nach Betfage an den Ölberg, sandte Jesus zwei Jünger voraus und sprach zu ihnen: Geht hin in das Dorf, das vor euch liegt, und gleich werdet ihr eine Eselin angebunden finden und ein Füllen bei ihr; bindet sie los und führt sie zu mir!
Und wenn euch jemand etwas sagen wird, so sprecht: Der

Herr bedarf ihrer. Sogleich wird er sie euch überlassen. Das geschah aber, damit erfüllt würde, was gesagt ist durch den Propheten, der da spricht (Sacharja 9,9): »Sagt der Tochter Zion: Siehe, dein König kommt zu dir sanftmütig und reitet auf einem Esel und auf einem Füllen, dem Jungen eines Lasttiers.« Die Jünger gingen hin und taten, wie ihnen Jesus befohlen hatte, und brachten die Eselin und das Füllen und legten ihre Kleider darauf und er setzte sich darauf. Aber eine sehr große Menge breitete ihre Kleider auf den Weg; andere hieben Zweige von den Bäumen und streuten sie auf den Weg. Die Menge aber, die ihm voranging und nachfolgte, schrie: Hosianna dem Sohn Davids! Gelobt sei, der da kommt in dem Namen des Herrn! Hosianna in der Höhe!

Tut mir auf die Tore der Gerechtigkeit,
dass ich durch sie einziehe und Gott danke!
Hallelujah

Hallelujah ...

🎼 **Lied: Wie soll ich dich empfangen ...** (EG 11,1–3)

Predigt: Herkunft

Mein Gott, sprich nur ein Wort, so wird meine Seele gesund. Amen

»Ja, wem g'hörsch'n du?« – auf Hochdeutsch: »Wem gehörst du denn?« So wird das im Badischen und sonst wo, mit anderem Zungenschlag, manchmal gefragt, wenn einem die

Herkunft dessen, der ihm da gerade begegnet, im Bäckerladen oder auf der Post, unklar ist. Ich persönlich habe diese Frage immer sehr schwierig gefunden, weil ich schon als Kind der gesunden Auffassung war, dass ein Mensch nicht einfach irgendwem gehöre, allenfalls sich selbst.

Für den Anlass der Frage lässt sich allerdings Verständnis aufbringen. Um einen Menschen zu kennen, ist es hilfreich, etwas von seiner Herkunft zu wissen. Wer in meiner Kindheit wissen wollte, wem ich »gehöre«, der fragte nach meinem Vater und nach meiner Mutter, und da er die auf dem Dorf mutmaßlich kannte, war die Herkunft rasch geklärt, war ich eingeordnet, wohl verwahrt und Teil der Welt dessen, der sich meiner unsicher war.

Bei Jesus mag das nicht so einfach gewesen sein. Schon die vier Evangelien sind sich nicht einig darüber, ob er nun Menschen- oder Gottessohn genannt werden müsste. Matthäus führt seinen Stammbaum auf Abraham zurück, Markus ist die Herkunft völlig egal, Lukas weiß geheimnisvoll etwas von einer Jungfrauengeburt und vom Heiligen Geist, der seine Finger im Spiel hatte, Johannes legt's hochtheologisch gleich auf die Ewigkeit an – für ihn ist Jesus ganz ohne Anfang, ist er von Ewigkeit her. Das hilft nicht wirklich viel, wenn wir wissen wollen, wo Jesus herkommt. »Wem g'hört'n der?« ist aber eine wichtige Frage, wenn wir hoffen, dass er doch irgendwie zu uns gehört, dass er in unserer Welt Platz hat und wir seiner sicher sein können.

»Wo kommt der her?«, haben sich die Palmenstreuer und Hosiannajubler gewiss auch gefragt, die die Jerusalemer Straßen säumten, als er auf einem Esel reitend durchs Tor zog. Und auch bei ihnen war die Frage nach seiner Herkunft ein Ausdruck ihrer Sehnsucht. Wenn er nur ein Dahergelaufener war, ein Wichtigtuer aus irgendeinem Kaff, hochgejubelt von irgendwelchen Möchtegernbefreiern, dann konnten sie ihn getrost vergessen. Wenn er bloß ein selbsternannter Messias war, der schöne Worte machen konnte, aber nicht viel mehr, dann konnte er den Leuten gestohlen bleiben. So begeistert sie waren damals, so uneins werden sie gewesen sein, so sehr werden sie diskutiert und gestritten haben: »Der kommt von Gott!« – »Ach was, der macht sich nur wichtig!« – »Der wird uns retten!« – »Komm, der kocht auch nur mit Wasser, der ist auch bloß ein Mensch!« – »Er ist der Verheißene!« – »Die Botschaft hör ich wohl, allein mir fehlt der Glaube!« So ging es wohl hin und her. Und Jesus? Hier, in des Matthäus Erzählung, äußert er sich nicht, stellt er nichts klar, ruft er nicht in die streitende Masse: »Jetzt beruhigt euch mal, schaut her, der bin ich!« Jesus schweigt. Aber er lässt sich einen alten, alten Ruf gefallen, der durch die Straßen und über die Plätze schallt, ein Wort aus dem 118. Psalm: »Gelobt sei, der da kommt im Namen des Herrn!« Er lässt es sich gefallen, und ich deute sein Schweigen so, dass er zustimmt: »Ja, der bin ich, der, der kommt im Namen des Herrn.«

Das ist seine Herkunft, da gehört Jesus hin: zum Herrn.

Das überrascht uns gute Adventchristinnen und -christen ja nicht weiter, klar: Jesus gehört zu Gott, Jesus ist Gott. Dass die das damals nicht gleich begriffen haben, na ja, armes Volk halt, Leute von der Straße – aber da sind wir doch längst weiter. Bei jeder Abendmahlsfeier rufen wir uns das doch ins Gedächtnis, dass Jesus bei uns ist, indem wir das Brot brechen und aus seinem Kelch trinken, wenn wir das »Sanctus« singen: »Heilig, heilig, heilig ist der Herr Zebaoth – gelobt sei, der da kommt im Namen des Herrn!« Also, das kennen wir schon. Jedenfalls im liturgischen Zusammenhang oder wenn uns der Christenglauben zur Gewohnheit geworden ist. Hören wir uns aber in die Sehnsucht der Menschen damals hinein, in diese Mischung aus Hoffnung und Verzweiflung, dieses ängstliche, verzagte und doch bang-erwartungsvolle Fragen:»Wer ist der?«, dann wird uns Jesus schon etwas weniger selbstverständlich.

Wir kennen das auch: das bange Fragen, ob Gott wohl noch an uns denkt, die zornige Klage, ob er uns wohl vergessen hat; die verzweifelte Feststellung, dass mit einem Gott, der keine Antwort gibt, schlecht zu sprechen ist. Das war die Erfahrung der Armen, Missachteten, Rechtlosen damals, das ist unsere heute, wenn die Sorgen größer sind als das Glück, wenn der Jubel im Halse stecken bleibt und die Not die Freude in einen Schrei verwandelt.

Dann wollen wir es genau wissen:»Wer ist der, wo kommt der her, was ist seine Herkunft, und ist sie so, dass ich daraus Hoffnung schöpfen kann?«

Er kommt im Namen des Herrn? Was bedeutet das?

Da hält sich die gute alte Freundin, die Bibel, nicht bedeckt: Da heb ich meine Augen auf zu den Bergen und frag mich:»Woher kommt mir Hilfe?«, und ich darf gewiss sein:»Meine Hilfe kommt vom Herrn, der Himmel und Erde gemacht hat.« Es ist der Herr, der Herrgott, der meinen Ausgang und meinen Eingang behütet (Psalm 121) – der mich vom ersten Atemzug an bis zum letzten im Blick hat, und weit darüber hinaus. Das ist der Herr, der mein Licht ist und mein Heil, und darum darf ich mich ganz getrost fragen:»Vor wem sollte ich mich fürchten? ... Vor wem sollte mir grauen?« (Psalm 27). Es ist der Herrgott, von dem das Neue Testament weiß, dass Gott die Liebe ist (1. Johannes 4,15) – und an Jesus, an dem, der heute in Jerusalem einzieht und der die Menschen beschäftigt, an dem ist die Liebe Gottes abzulesen, aus seinen Worten ist sie zu hören, seinen Gesten ist sie abzuspüren, in seinen Blicken kann sie geschaut werden.

Der da kommt im Namen des Herrn, kommt im Namen des

liebenden Gottes, dessen Liebe jedem und jeder von allem Anfang her gilt, dessen Liebe bedingungslos ist und unverbrüchlich. Zu dem Gott der Liebe gehört er, Liebe ist seine Herkunft.

Aber machen wir uns die Szenerie klar: Der vom liebenden Gott kommt, dessen Herkunft die Liebe ist, der geht durch den Kot der Gassen, der wandert in der Hitze der Straßen, der berührt die Leprakranken und streicht den Blinden über die trüben Augen, der weint und lacht, der tanzt und fürchtet sich und der spürt den tiefen Schmerz. Liebe ist dann kein göttliches Prinzip, keine ewige Harmonie, kein bittersüßes Gefühl – Liebe ist handgreiflich. Der von Gott kommt, kommt den Menschen nah.

Dann ist die Frage:»Wer bist du? Wem gehörst du?« noch ganz anders zu hören. Denn der von Gott kommt, der gehört zu uns: Gott wird Mensch unter Menschen. Noch einmal: An Jesus ist es abzulesen! Gott liebt uns, und wer liebt, der ist seinen Geliebten nah, der leidet unter der Distanz, der überwindet die Gräben – und weil wir das nicht können, von uns zu ihm, sosehr wir uns auch sehnen danach, darum macht er es, darum spannt seine Liebe einen großen Bogen, unter dem wir Heimat haben. Jesus ist einer von uns; wir gehören zu Gott und Gott gehört zu uns. Nichts ist zwischen uns, außer seinem Lächeln, seiner Herzenswärme, seiner heilsamen Zuwendung.

Am Ende ist es dann doch so: Jesu Herkunft ist in Wahrheit die unsere. Wir kommen von Gott her, wir leben zu ihm hin. Er ist unsere Herkunft und unsere Zukunft.

Da zieht er ein – und nachdem wir nun wissen, wohin er gehört, da lassen wir ihn doch am besten auch unsere Gegenwart sein.

Amen

🎼 Lied: O Heiland, reiß die Himmel auf ... (EG 7,1–5)

Der Gott, der immer von Neuem zu uns kommt,
der sich bewegen lässt von seiner Liebe,
der Gott, von dem wir herkommen und
auf den wir zu leben,
unser Gott, der lädt uns ein an seinen Tisch.

Erhebet eure Herzen – **wir erheben sie zum Herren.**
Lasst uns Dank sagen dem Herrn, unserm Gott –
das ist würdig und recht.

Ja, Gott, unser Gott, wir danken dir,
dass du nicht wartest und uns nicht warten lässt.
Du kommst und bist bei uns,
du wendest dich uns zu und lässt nicht ab von uns.
Wir gehören zu dir und du gehörst zu uns.
Wo immer wir sind, wie dunkel es auch sein mag,
wie abgrundtief auch die Mutlosigkeit – du findest uns.

Dafür danken wir dir, Gott,
danken wir dir mit dem Lied der Engel:

🎼 Heilig, heilig ...

Unser Herr Jesus Christus in der Nacht ...

Gepriesen seist du, unser Gott, für das Brot,
die Frucht der Erde und der menschlichen Arbeit.
Du, von dem wir kommen, du gibst uns, was wir brauchen.

Desgleichen nahm er auch den Kelch ...

Gepriesen seist du, unser Gott, für den Wein,
die Frucht des Weinstocks und der menschlichen Arbeit.
Du, auf den wir zugehen, du bereicherst uns.

Gepriesen seist du, unser Gott, mit dem Gebet, das Jesus
gebetet hat:

Vaterunser

Und sooft ihr von diesem Brot esst und aus diesem Kelch
trinkt, verkündet ihr die Geburt, das Leben, den Tod und
die Auferstehung Christi, bis er kommt in Herrlichkeit.

Christe, du Lamm Gottes ...

Gott kommt, damit Friede werde.
Darum soll Friede sein unter uns.
Vergebt einander, so wie Gott uns vergeben hat.

Und nun kommt, denn es ist alles bereit.
Schmeckt und seht, wie freundlich unser Gott ist.
Wohl dem, der ihm vertraut.

(Kommunion)

Bitte lassen Sie uns beten:
Unser Gott, aus deiner Liebe kommen wir,
um deiner Liebe willen kommst du zu uns.
Wir danken dir, dass wir Grund und Heimat haben.

Wir vertrauen dir die an,
die ihre Heimat verloren haben,

die Opfer der Katastrophen,
von Flut und Sturm und Brand,
die Flüchtlinge auf dem Meer,
die Vertriebenen und Geraubten.
Wie du mit uns bist, Gott, so sei mit ihnen
und mit allen, die Sorge tragen,
die unter Lasten seufzen,
die an deiner Hilfe zweifeln.

Wie du uns gespeist hast, so speise sie,
wie du den Wein mit uns geteilt hast,
so heile und befreie sie.
Und wo wir das Unsere tun sollen,
da öffne uns die Herzen.
Amen

Lied: O komm, o komm, du Morgenstern ... (EG 19,1–3)

Segen:
Der Gott, der kommt – kommt zu dir.
Der Gott, der kommt – schließt dich auf.
Der Gott, der kommt – hüllt dich ein.

So segnet und behütet dich Gott,
der Liebevolle und Lebendige,
der Vater, der Sohn und der Heilige Geist.
Amen

Orgelnachspiel

Künftig! Ankunft
Gottesdienst zum 2. Advent

Orgelvorspiel

🎼 **Lied: Es kommt ein Schiff geladen** ... (EG 8,1–3)

Votum – Amen

Begrüßung:
Freundlich begrüße ich Sie zum zweiten Gottesdienst – dem 2. Advent – in der adventlichen Gottesdienstreihe »Künftig!«. Nach der »Herkunft« am vergangenen Sonntag genießt heute die »Ankunft« unsere Aufmerksamkeit. Sie merken es: Es wird konkreter, handgreiflicher mit dem kommenden Gott.

Der Gott, der sein Kommen verheißt, der Gott, der nicht zögert, unser Gott, der sei mit euch – **und mit deinem Geist.**

Eingangsgebet im Wechsel

O Heiland, reiß die Himmel auf,
herab, herab, vom Himmel lauf,
reiß ab vom Himmel Tor und Tür,
reiß ab, wo Schloss und Riegel für. (EG 7,1)

Liturg:
Gott, wo bleibst du?

Du hörst doch, wie wir rufen.
Wir brauchen dich hier, hier bei uns,
nicht fern, nicht im Himmel!

Gemeinde:
Wo bleibst du, Trost der ganzen Welt,
darauf sie all ihr Hoffnung stellt?

O Heiland, reiß die Himmel auf ... (EG 7,1)

Liturg:
Gott, schau deine Welt an,
wie zerrissen sie ist.
Du musst kommen, sie zu heilen,
du darfst nicht warten, sie ist zu tief verletzt!

Gemeinde:
Wo bleibst du, Trost der ganzen Welt,
darauf sie all ihr Hoffnung stellt?

O Heiland, reiß die Himmel auf ... (EG 7,1)

Liturg:
Gott, sieh in unsere Herzen,
wie groß unsere Sehnsucht ist.
Wir brauchen deine Wärme,
wir können ohne deine Liebe nicht sein!

Gemeinde:
Wo bleibst du, Trost der ganzen Welt,
darauf sie all ihr Hoffnung stellt?

O Heiland, reiß die Himmel auf ... (EG 7,1)

Liturg:
Wir warten auf dich, Gott,
alles, was lebt, wartet auf dich –
und wir warten ungeduldig.
Komm, Gott, komm, lass uns nicht allein!

Gemeinde:
Wo bleibst du, Trost der ganzen Welt,
darauf sie all ihr Hoffnung stellt?

Liturg:
Wie der Hirsch lechzt nach frischem Wasser,
so schreit meine Seele, Gott, zu dir!
Meine Seele dürstet nach Gott,
nach dem lebendigen Gott!

Ehre sei dem Vater ...

Bitte beten Sie mit mir:
O klare Sonn, du schöner Stern,
dich wollten wir anschauen gern;
o Sonn, geh auf, ohn deinen Schein,
in Finsternis wir alle sein.

Darum bitten wir dich, Gott,
der du unsere Sehnsucht hörst:
Gott, erbarme dich unser!

Advents-Kyrie (EG 178.6)

Gott hört uns und er schweigt nicht.
Und das ist es, was Gott uns zusagt.

Seht auf und erhebt eure Häupter,
weil sich eure Erlösung naht.

Ehre sei Gott in der Höhe – **und auf Erden Fried und den Menschen ein Wohlgefallen.**

🎼 **Lied: Komm, o mein Heiland Jesu Christ ...** (EG 1,5)

Bitte beten Sie mit mir:
Gott, der du deine Welt im Blick hast,
der du sie mit Augen der Liebe ansiehst,
Gott, berühre uns in der Seele,
damit wir Hoffnung haben in unserer Zeit.
Das bitten wir dich durch Jesus Christus,
der mit dir und dem Heiligen Geist
lebt und wirkt von Ewigkeit zu Ewigkeit.
Amen

📖 **Lesung:** Jakobus 5,7+8

So seid nun geduldig, liebe Brüder, bis zum Kommen des Herrn. Siehe, der Bauer wartet auf die kostbare Frucht der Erde und ist dabei geduldig, bis sie empfange den Frühregen und Spätregen.
Seid auch ihr geduldig und stärkt eure Herzen; denn das Kommen des Herrn ist nahe.

Kein Ohr hat gehört,
kein Auge hat gesehen einen Gott außer dir,
der so wohltut denen, die auf ihn harren.
Hallelujah

Hallelujah ...

🎼 **Lied: Mit Ernst, o Menschenkinder ... (EG 10,1.2.4)**

Predigt: Ankunft

*Gott, meine Seele liegt im Staub, erquicke mich durch
dein Wort. Amen*

Hören wir auf Gottes Wort zum 2. Advent, aus dem Evangelium des Lukas, im 21. Kapitel, die Verse 25-28:

*Und es werden Zeichen geschehen an Sonne und Mond
und Sternen, und auf Erden wird den Völkern bange sein,
und sie werden verzagen vor dem Brausen und Wogen des
Meeres, und die Menschen werden vergehen vor Furcht
und in Erwartung der Dinge, die kommen sollen über
die ganze Erde; denn die Kräfte der Himmel werden ins
Wanken kommen.*
*Und alsdann werden sie sehen den Menschensohn kommen in einer Wolke mit großer Kraft und Herrlichkeit.
Wenn aber dieses anfängt zu geschehen, dann seht auf
und erhebt eure Häupter, weil sich eure Erlösung naht.*

»Ankomme Freitag, den 13., um 14 Uhr, Christine!« – Vielleicht
haben Sie es noch im Ohr, liebe Gemeinde, das satirische Kata-

strophenlied von Reinhard Mey, in dem er diesen Tag besingt, an dem alles schiefgeht, da ihn die bevorstehende Ankunft der Freundin Christine ins Chaos, in die Verzweiflung stürzt: Er bleibt im Fahrstuhl stecken, hat nichts im Kühlschrank, der Dackel beißt einen Polizisten – und dann hat er sich auch noch getäuscht: Heute ist der 12. – und Donnerstag.

Ankünfte gibt es, bei denen geht alles schief, die versetzen einen in Panik – die Ankunft des Orkantiefs etwa, die der Jahrhundertflut oder die der Schwiegermutter. Andere Ankünfte sind beglückend – wenn ich nach Jahren den Freund wiedersehe oder nach zwei Stunden den arg vermissten Geliebten. Manche Ankünfte machen Mühe, wie die Präsidentenvisite, Barack Obama in Deutschland, George Clooney beim Filmfestival; andere sind legendär, wie Neil Armstrongs »small step for a man«, als er den Mond betrat. Mancher, der auf der Flucht war, erinnert sich der spärlichen Ankunft in einer schwierigen neuen Heimat, und manche Ankunft stürzt einen in Mutlosigkeit, wenn die gefürchtete Diagnose mitgeteilt wird oder die Kündigung. Bei Ankunft der Braut wird dem Bräutigam bange – das hab ich oft gesehen, und bei Ankunft des Christkinds schlagen Kinderherzen – große und kleine – höher.

Was geschieht aber, wenn Christus ankommt?

Jetzt, in der Adventszeit, bereiten wir uns darauf vor. Traditionell sind die Adventswochen eine Fasten-, eine Besinnungszeit, und vom ankommenden Gott ist viel die Rede: Jesus zieht in Jerusalem ein, Johannes der Täufer kündigt seine Ankunft an, von den letzten Tagen, da Jesus wiederkommt, ist zu sprechen – und wir gehen auf die Weihnacht zu, da der weite Gott als kleines Kind ankommt. Ankünfte aller Art sind das – und was tun sie mit uns? Sind sie erfreulich, jubeln wir mit den Männern und Frauen Jerusalems, streuen wir Palmen vor Glück? Oder staunen wir, etwas verwundert über den Mann im Kamelhaar, der einen noch Ärmeren, noch Seltsameren ausruft? Oder kommt uns das Zittern an, weil der, der am Ende der Zeiten verheißen ist, zum Gericht kommen soll – da haben wir apokalyptische Bilder vor Augen! Die Schreckensbilder, die die Bibel selber malt, von sieben Siegeln und sieben Posaunen, von fahlen Reitern und Armageddon – und über die Jahrhunderte haben die Maler sie nachgezeichnet in grellen, erschreckenden Farben. Bis in zeitgenössische Bücher und Filme hinein wirken diese Horrorszenarien – und seh ich die Berichte über den Taifun auf den Philippinen, über Erdbeben, Vulkanausbrüche, über Bürgerkriege und Flüchtlinge auf dem Meer, dann sind die alten Bilder sehr präsent, zeitgenössisch und real. Kaum auszuhalten, die Vorstellung, dass Gottes Ankunft diese Folgen haben soll – aber Christinnen und Christen aller Jahrhunderte bis heute waren und sind überzeugt davon: So wird es sein, all das Furchtbare werden wir erleben, das wird uns treffen.

Anders, ganz anders Jesus selbst!

Seht auf und erhebt eure Häupter – das ruft Jesus uns zu, indem Gott kommt. Welch ein Zuspruch, liebe Gemeinde! Denn wer aufsieht und sein Haupt erhebt, der steht aufrecht! Der macht den Rücken gerade und drückt die Schultern durch, der hebt den Blick und tut die Augen weit auf – und der hat freie Sicht. Da muss Gott doch wohl ganz anders daherkommen, als die apokalyptischen Schrecken es wollen! Dann ist seine Ankunft eine, die mich frei macht.

Das sind gute Aussichten – nicht nur für irgendwelche Endzeiten. Diesen Zuspruch: Sieh auf, heb dein Haupt! – diesen Zuspruch kann ich brauchen Tag für Tag. Denn oft bleibt mein Blick auf dem Boden haften, oft trag ich das Haupt gesenkt. Weil mir Lasten auf den Schultern liegen, weil eine Sorge die Gedanken schwer macht und ein Zweifel mir auf der Seele drückt. Manchmal sehe ich nur eine Handbreit Boden vor mir, kaum über den Tag hinaus, und Fragen, Ängste verstellen mir den Blick. Seht auf! – ruft Gott in solche Tage hinein, und er verspricht, dass es noch mehr zu sehen gibt als das, was ich schwarzgrau vor Augen habe. Es lohnt sich, das Haupt zu heben, es lohnt sich, mich zu strecken, mein Leben kann weiter sein, als ich es mit den Scheuklappen meiner Angst verstehe. Seht auf, erhebt eure Häupter – und? Lohnt es sich wirklich? Was bekomme ich zu sehen, wenn ich aufsehe? Seht auf – weil sich eure Erlösung naht, sagt Jesus zu. Da naht kein Schrecken, keine Christine am Freitag, dem 13., kein apokalyptischer Reiter, da kommt: Erlösung. »Erlösung« ist ein altes Wort, seit dem Mittelalter heißt es dasselbe wie »frei werden«, »loskommen«. Der, auf den das Los fiel, der war frei von Ketten, frei von Verdacht, frei von Pflichten, losgesprochen wurde er von Schuld und Belastung, er war frei und niemandes Besitz. Seht auf, sagt Jesus also: weil sich eure Lossprechung naht, weil ihr freikommt von dem, was euch den Blick zu Boden zwingt, was euch die Augen trübt, was die Schultern überlastet.

Sie kennen dieses Gefühl bestimmt: wenn einem ein Stein vom Herzen fällt, wenn einer sich wieder aufrichten und den Rücken wieder straffen kann, wenn die Arme frei werden, die gerade noch so schwer trugen. Da geht ein Aufatmen durch den ganzen Leib!

Das geschieht, wenn Gott ankommt: Wir werden losgelöst, und wir gehen wieder aufrecht durch unsere Zeit, wir stehen wieder aufrecht vor unserem Gott, wir sind offene, gerade Menschen, mit Weitblick.

Ach ja, das wäre schön – und wann kommt er dann endlich? Wann wird diese Zusage dann mal wahr? Es ist ja nicht so, dass wir auf eine solche Ankunft nicht warteten – und wie wir es tun, sehnsüchtig, für uns selbst und für diese Welt, die wir Befreiung und Lossprechung durchaus nötig haben, und den aufrechten Gang sowieso! Wann kommt er an, der Erlöser? Er kommt gar nicht an, liebe Gemeinde – er ist schon da. Darum haben wir einen solchen Zuspruch, darum wird von Jesus erzählt, darum feiern wir Advent und Weihnachten, weil, was verheißen ist, schon längst für uns gilt. Er ist schon da, wir sind schon freigesprochen, wir können den Blick heben und aufrecht gehen – unsere Erlösung ist da. Ja – und wo? Da wird Jesu Zuspruch zur Aufforderung, zur Aufmunterung: Seht auf! Also: Macht die Augen auf!

Immer und immer wieder sind sie zu entdecken, die Zeichen unserer Erlöstheit. Da gelingt Versöhnung nach dem Streit, da gehen Fremde aufeinander zu und werden Freunde, da siegt die Liebe über die Gleichgültigkeit. Da werde ich mir meiner selbst bewusst, treffe Entscheidungen, wage Verantwortung – und das Gute gelingt, das Schöne setzt sich durch. Ich weiß, wir können die Welt auch mit ganz anderen Augen sehen, dunkel und apokalyptisch, aber wenn wir die Häupter heben, ein kleines Stück nur, über den Tellerrand der Zweifel hinaus, wenn wir nach Gott Ausschau halten, dann sehen wir auch, wie er wirkt und heilt und befreit. Das ist uns versprochen. Seht auf! Ich versuche das jetzt mal! Amen

🎼 **Lied: Wie soll ich dich empfangen ... (EG 11,1.3.5)**

Bitte lassen Sie uns miteinander beten:
Gott, wir heben die Häupter und schauen aus nach dir –
wir warten auf dich,
warten, dass du deine Hand regst
und unsere Seelen heilst,

warten, dass du dich einmischst und deine Welt rettest.
Wir schauen auf, weil wir glauben:

Seht, die gute Zeit ist nah ... (EG 18,1)

Gott, wir heben die Häupter und machen den Blick weit –
und wir sehen all die, die zu schwer tragen,
deren Herzen betrübt sind,
die schwermütig durch ihre Tage gehen,
die keine Hoffnung haben.
Wir machen den Blick weit und glauben:

Seht, die gute Zeit ist nah ... (EG 18,1)

Gott, wir heben die Häupter und richten uns auf –
und wir denken an die,
denen das Rückgrat gebrochen wurde,
die missachtet und geschnitten werden,
die keine Freunde haben.
Gott, wir richten uns auf, weil wir glauben:

Seht, die gute Zeit ist nah ... (EG 18,1)

Gott, wir heben die Häupter und öffnen die Augen –
und wir sehen, wie du heilst und wirkst,
wie du leise unter uns bist,
und gerade bei denen, die von dir nichts spüren.
Gott, wir öffnen die Augen, weil wir glauben:

Seht, die gute Zeit ist nah ... (EG 18,1)

Gott, wir heben die Häupter und sind voller Zuversicht –

darum vertrauen wir dir die Menschen an,
von denen wir Abschied genommen haben.
Du nimmst sie auf, du heilst sie an Seele und Leib.
Und für die, die Abschied nahmen,
hast du einen Trost, der sie birgt und ermutigt.
Gott, wir sind voller Zuversicht, weil wir glauben:

Seht, die gute Zeit ... (EG 18,1)

Gott, wir heben die Häupter und wissen,
dass du uns hörst.
In der Stille sagen wir dir, was uns persönlich bewegt:

(Gebetsstille)

Wir wissen, dass du uns hörst, Gott, und wir glauben:

Seht, die gute Zeit ist nah ... (EG 18,1)

Vaterunser

♪ **Lied: Tochter Zion ... (EG 13,1–3)**

Segen:
Gott lässt dich nicht warten – er ist bei dir.
Gott lässt dich nicht warten – er füllt dich aus.
Gott lässt dich nicht warten – er hüllt dich ein.
So segnet und behütet dich Gott,
der Liebevolle und Lebendige,
der Vater, der Sohn und der Heilige Geist. Amen

Orgelnachspiel

Künftig! Auskunft
Gottesdienst zum 3. Advent

Orgelvorspiel

Votum – Amen

Es ist der 3. Advent, zu dem ich Sie herzlich begrüße, zum 3. Advent und zum dritten Blick auf die Adventszeit, die unter dem Stichwort »Künftig« steht. Und um eine Auskunft geht es heute: wer uns Auskunft gibt und über was uns Auskunft gegeben wird. Eine gute Nachricht ist es allemal!

Lied: O komm, o komm, du Morgenstern ... (EG 19,1–3)

Der Gott, der von sich hören lässt, der gute Worte hat für uns, unser Gott, der sei mit euch – **und mit deinem Geist.**

Von Tag zu Tag. Eingangsgebet im Wechsel:

Er weckt mich alle Morgen,
er weckt mir selbst das Ohr.
Gott hält sich nicht verborgen,
führt mir den Tag empor.
(EG 452,1 – nur die ersten beiden Zeilen der Strophe)

Du weckst uns, Gott, jeden Morgen,
wir stehen auf und ein Tag liegt vor uns.

Ein Tag, der uns Hoffnung macht,
oder einer, der dunkel daherkommt.
Wir brauchen einen Freund, der uns zur Seite geht,
einen, der uns ermutigt.
Am Tage sendet Gott seine Güte
und des Nachts singe ich ihm. (Psalm 42,9)

Er spricht wie an dem Tage,
da er die Welt erschuf,
da schweigen Angst und Klage,
nichts gilt mehr als sein Ruf.
(EG 452,2 – nur die ersten beiden Zeilen der Strophe)

Es liegt viel Klage in der Luft, Gott,
und wir haben Grund zur Angst.
Wohin wird es gehen mit deiner Welt,
wird die Gewalt über den Frieden siegen?
Wir sind in Sorge, Gott,
jeden Tag neu – und möchten dir doch vertrauen!
Singet unserem Gott und lobt seinen Namen,
verkündet von Tag zu Tag sein Heil. (Psalm 96,2)

Er will mich früh umhüllen
mit seinem Wort und Licht,
verheißen und erfüllen,
damit mir nichts gebricht.
(EG 452,5 – nur die ersten beiden Zeilen der Strophe)

Wir bergen uns in deine Hand,
wir hoffen auf dich, Herr der Zeiten.
Du hast uns versprochen, uns nicht alleine zu lassen,
du bist bei uns bis an das Ende der Welt.

Du hast dein Wort gegeben, Gott,
und wir verlassen uns darauf!
Alle Tage sind in dein Buch geschrieben –
am Ende bin ich noch immer bei dir. (Psalm 139,16.18)

Ehre sei dem Vater ...

Bitte beten Sie mit mir:
Manchmal, mein Gott, steh ich ganz ratlos in meiner Zeit
und ich weiß nicht:
Was macht mir die Tage hell,
was verfinstert sie?
Gib mir Auskunft, Gott,
und ruf sie hinein in meine Zeit, rufe ganz laut,
sodass ich sie nicht überhören kann.
Ich spitze die Ohren und lausche,
und ich bitte dich: Erbarme dich!

Kyrie (EG 178.10)

Gott hört uns und er schweigt nicht.
Und das ist es, was Gott uns zusagt:

Ein Tag sagt's dem anderen
und eine Nacht tut's kund der anderen:
Das Wort Gottes ist vollkommen
und erquickt die Seele.

Ehre sei Gott in der Höhe – und auf Erden Fried und den Menschen ein Wohlgefallen.

🎼 **Lied: Tochter Zion ... (EG 13,1)**

Bitte lassen Sie uns miteinander beten:
Gott, dessen Wort die Welt erschuf,
dessen Wort Mensch wurde,
dessen Wort die Toten ins Leben ruft,
Gott, schließ unsere Ohren auf,
und hilf uns, dich im Herzen zu hören.
Das bitten wir dich durch Jesus Christus,
der unser Bruder geworden ist
und der mit dir und dem Heiligen Geist lebt und wirkt
von Ewigkeit zu Ewigkeit.
Amen

▭ Lesung: Jesaja 40,1-5

Tröstet, tröstet mein Volk!, spricht euer Gott.
Redet mit Jerusalem freundlich und predigt ihr, dass ihre Knechtschaft ein Ende hat, dass ihre Schuld vergeben ist; denn sie hat doppelte Strafe empfangen von der Hand des Herrn für alle ihre Sünden.
Es ruft eine Stimme: In der Wüste bereitet dem Herrn den Weg, macht in der Steppe eine ebene Bahn unserm Gott!
Alle Täler sollen erhöht werden, und alle Berge und Hügel sollen erniedrigt werden, und was uneben ist, soll gerade, und was hügelig ist, soll eben werden;
denn die Herrlichkeit des Herrn soll offenbart werden, und alles Fleisch miteinander wird es sehen; denn des Herrn Mund hat's geredet.

Gott, sprich nur ein Wort,
so wird meine Seele gesund.
Hallelujah

Hallelujah ...

🎼 Lied: Mit Ernst, o Menschenkinder ... (EG 10,1.2.4)

Predigt: Auskunft

*Mein Gott, ich bin ein Gast auf Erden, verbirg dein Wort
nicht vor mir! Amen*

Hören wir auf Gottes Wort, aus dem Evangelium des Matthäus, im 11. Kapitel, die Verse 1-6:

*Und es begab sich, als Jesus diese Gebote an seine zwölf
Jünger beendet hatte, dass er von dort weiterging, um in
ihren Städten zu lehren und zu predigen.*
*Als aber Johannes im Gefängnis von den Werken Christi
hörte, sandte er seine Jünger und ließ ihn fragen: Bist
du es, der da kommen soll, oder sollen wir auf einen
andern warten?*
*Jesus antwortete und sprach zu ihnen: Geht hin und sagt
Johannes wieder, was ihr hört und seht: Blinde sehen
und Lahme gehen, Aussätzige werden rein und Taube
hören, Tote stehen auf und Armen wird das Evangelium
gepredigt.*

Früher, liebe Gemeinde, so vor zweihundert oder dreihundert
Jahren, vor Google, Wikipedia und Peoplecheck, also vor langer, langer Zeit, da gab es einmal: eine Telefonauskunft. Da
rief der Mensch, der die Telefonnummer eines anderen nicht
wusste, vertrauensvoll an (11 8 33), aus dem Festnetz, mit
einem dieser grünen, grauen oder orangefarbenen Apparate –

manche hatten noch Wählscheiben, stellen Sie sich vor –, und am anderen Ende fragte eine freundliche Frauenstimme, ob sie weiterhelfen könne. Und wenn es gutging, bekam der Mensch eine Nummer, später wurde er sogar direkt weiterverbunden. Das war eine tolle Einrichtung! Da hat eine Menschenstimme Auskunft gegeben. Ach ja, die guten alten Zeiten!

Allerdings haben die Menschen nicht nur in den guten alten, sondern zu allen Zeiten Auskunft gebraucht. Auskunft – wenn sie etwas nicht wussten. Und es ist viel, was Menschen nicht wissen. Wenn's nur die Telefonnummer von irgendwem wäre, aber es ist erheblich mehr, erheblich Bedeutsameres. Manche wissen nicht, was ihr Leben sinnvoll und lebenswert macht, manchen fehlt die Hoffnung, die Gelassenheit. Der eine weiß nicht, wohin mit seinem Zorn, und die andere steht ratlos vor ihrer Traurigkeit. »Wo bleibst du, Trost der ganzen Welt?«, fragt einer, und eine andere: »Mein Gott, mein Gott, warum hast du mich verlassen?« Manche wissen nicht, wie Versöhnung und Vergebung gehen, und andere nicht, wo sie zu lächeln und zu lachen lernen könnten – und ob es dafür überhaupt gute Gründe gibt.

Es ist viel Ratlosigkeit in der Welt, in meiner kleinen, persönlichen, und in der großen Welt voller Bürgerkriege und Katastrophen auch. Wir haben unsere großen und kleinen Fragen, und immer sind sie bedrängend, suchen wir schmerzlich Antwort.

Darum braucht es einen, der Auskunft gibt.

Die Jünger des Johannes, von denen Matthäus erzählt, die waren auch auf der Suche nach Antworten, und sie wandten sich an Jesus, weil der so vielversprechend durch die Lande zog, weil ihm ein guter Ruf vorauseilte, weil von dem Antworten zu erwarten waren. »Bist du es?«, wollten sie wissen – und in dieser Frage sind eine Menge Ratlosigkeiten zusammengefasst: »Bist du es?«, das heißt: Warten wir zu Recht auf einen, der uns helfen und heilen wird? Ist unsere Hoffnung die Mühe, die sie macht, wert? Ist es sinnvoll, durchzuhalten, die Fragen auszuhalten, weil uns tatsächlich eine Zukunft blüht, auf die zu warten sich lohnt? Wird Gott wirklich helfen und neu anfangen mit uns und mit seiner Welt?

Fragen über Fragen – und fremd sind sie uns nicht. Die Johannesschüler sprechen uns aus dem Herzen. Wir richteten uns gerne in unserem Leben ein und genössen, was uns gegeben ist – aber es ist doch alles gefährdet. Wir glaubten gerne an eine Zukunft in Frieden und Gerechtigkeit, für Syrien, für Palästina und wo immer Menschen Menschen missachten – aber es sieht doch alles so hoffnungslos, so verfahren aus. Wer hilft – und hilft auch wirklich?

Jesus wird das gefragt. Und Jesus gibt Auskunft. Was er sagt, ist sehr bemerkenswert.

Denn er gibt keine Nummer an wie die Telefonauskunft, sagt nicht: »Wendet euch an den oder den, der weiß Bescheid!«, in Klammern: »Lasst mich doch in Ruh!« Jesus bestätigt: »Ja, für eure Fragen bin ich zuständig.« Jesus teilt auch nicht sein breites Wissen aus, wie Wikipedia oder ein Lexikon, er belehrt niemanden oder gibt, was noch schlimmer wäre, die Frage gleich wieder zurück: »Na, wenn ihr das selbst nicht wisst, dann ist euch auch nicht zu helfen.« Und Jesus erteilt seine Antwort nicht von oben herab, wie die allseits beliebten Besserwisser oder die viel zitierten Experten. Nein. Er nimmt die Fragenden, er nimmt uns auch, mit unseren Zweifeln und Anfragen ernst, tritt nah an uns heran, begegnet uns auf Augenhöhe und ermutigt uns, uns selbst ein Bild zu machen: »Geht und sagt Johannes, was ihr hört und seht!« Das ist schon überraschend: Da kommen die Johannesschüler mit ihren Fragen, weil ihnen Hören und Sehen längst vergangen ist – und Jesus rät:»Hört und seht!« Da kommen wir, weil, was wir hören, uns ängstigt, weil, was wir sehen, uns Tränen in die Augen treibt – und Jesus antwortet:»Hört und seht!«

Was ist denn das für eine Auskunft?

Es ist die Auskunft, dass es mehr zu sehen gibt, als was mir düster vor den Augen steht, dass es mehr zu hören gibt, als was mir in den Ohren gellt. Neben dem Lärm gibt es feine Melodien, neben dem Kriegsgeschrei Liebeslieder; neben den Wolken über der Welt gibt es Sonnenaufgänge, neben geballten Fäusten und Todesmasken gibt es lächelnde Gesichter und Gesten der Versöhnung. Jesus sagt es so:»Schaut doch: Blinde sehen, Lahme gehen, Kranke werden heil, Taube hören, Todgeweihte leben auf und Arme entdecken ihre Würde.« Das heißt nicht:»Nun kommt, beruhigt euch, wird schon alles gut werden.« Das heißt:»Schaut genauer hin, lauscht in die Welt, nehmt euer Leben genau in den Blick und hört auf die feinen Töne.«

Da gibt es etwas zu entdecken. Jesus verschiebt die Perspektive ein wenig mit seiner Auskunft. Zuerst gibt er uns Recht: »Ja, da ist vieles fraglich, vieles macht euch zweifeln«, aber er will uns Aug und Ohr öffnen dafür, dass sich durch all das Bedrängende und Beängstigende eine Liebe zieht, die die Welt, die mein Leben von innen her verändert, bewegt und befreit. »Gott, wie begreif ich deine Stunde«, hat Rainer Maria Rilke einmal in einem Gedicht aus seinem»Stundenbuch« gefragt und, als hätte er es gerade entdeckt, geantwortet: »Jetzt heilt es leise unter uns.«

Ja, so ist es, Gott heilt leise unter uns, seine Liebe zieht sich wie ein Duft, wie ein Glanz, wie ein tiefer, satter Ton durch Zeit und Welt. Und wenn ich die Sinne öffne dafür, dann sehe, höre, spüre ich es auch.

Wo der Nachbar dem Nachbarn die Hand reicht, wenn ein Mensch wie Nelson Mandela nicht Rache nimmt, sondern Versöhnung sucht, wo Verachtete aufstehen und ihr Recht einfordern, Frauen um ihre vermissten Söhne und Töchter kämpfen, wo Liebende still und fraglos eins sind, wo ein Gesang mich zu Freudentränen rührt und ein Wort mich ins Herz trifft und mich ermutigt – da, hier und da und dort und viel, viel öfter, als wir vermuten und zu glauben wagen, da heilt Gott leise unter uns. Sanft weht Gottes Liebe durch mein Leben, durch unsere Zeit.

So lautet Jesu Auskunft – und mit dieser Auskunft schickt er die Johannesjünger zurück zu ihrem Freund, damit sie ihm Auskunft geben. Manchmal braucht es Menschen, die die Auskunft Gottes weitersagen.

Menschen, die wir sein können, denn dazu hat Gott uns seit unserer Taufe berufen und befähigt. Wie die nette Stimme vor zwei- bis dreihundert Jahren, als es Google noch nicht gab, geben wir Auskunft: »Hier ist Hoffnung, da heilt Gott leise unter uns!«, und ab und an verbinden wir vielleicht sogar ganz direkt: durchs Mitbeten und Hand-Anlegen, wo hilfreiche und gefaltete Hände nötig sind. Welch ein wunderbares Amt, das sagen darf: Seht doch, hört nur, wie Gottes Liebe wirkt. Unser Amt!

Ein Amt, das uns allen anvertraut ist, die wir getauft sind, denen Auskunft gegeben ist: »Gott wirkt«, und die Auskunft geben: »Ja, tatsächlich!«

Amen

♫ **Lied: Kündet allen in der Not ...** (EG Bayern/Thüringen 540,1–5)

Bitte lassen Sie uns miteinander beten:

Liturg:
Gott, wir haben deine Auskunft,
dass du leise heilst unter uns.
Sieh deine Welt an,
an allen Enden ist Heilung nötig.
Die Flüchtlinge in den Krisengebieten
leiden Hunger und Furcht,
und die Kämpfe hören nicht auf.
Wo die Erde bebte und der Sturm die Häuser fortwehte,
herrscht Ratlosigkeit,
viele verzweifeln über ihrem Verlust.

Gemeinde *(gesprochen)*:
Das Volk, das noch im Finstern wandelt,
bald sieht es Licht, ein großes Licht.
Heb in den Himmel dein Gesicht
und steh und lausche, weil Gott handelt. *(EG 20,1)*

Liturg:
Gott, wir haben deine Auskunft,
dass du leise heilst unter uns.
Du kennst das Leid der vielen und der Einzelnen,
hier und dort, nah und fern,
um die wir Sorge tragen.
Nimm dich der Menschen an,
heile und wirke so, dass sie es spüren können.
Ermutige die Geschlagenen
und ermutige die, die ihnen helfen,
Ärzte und Ärztinnen,
Pflegekräfte in Krankenhäusern und Seniorenheimen,

alle, die sich für Versöhnung einsetzen,
die Friedensdienst tun.

Gemeinde *(gesprochen)*:
Das Volk, das noch im Finstern wandelt,
bald sieht es Licht, ein großes Licht.
Heb in den Himmel dein Gesicht
und steh und lausche, weil Gott handelt. (EG 20,1)

Liturg:
Gott, wir haben deine Auskunft,
dass du uns zur Seite stehst.
Hilf uns, in dieser Gewissheit gelassen zu leben,
hilf denen, die sich in Kirche und Gesellschaft engagieren,
hilf ihnen und uns, deinem Segen zu vertrauen
und fröhlich, mutig, aufmerksam
Auskunft zu geben über deine Liebe und Lebendigkeit.

Gemeinde *(gesprochen)*:
Das Volk, das noch im Finstern wandelt,
bald sieht es Licht, ein großes Licht.
Heb in den Himmel dein Gesicht
und steh und lausche, weil Gott handelt. (EG 20,1)

Liturg:
Gott, wir haben deine Auskunft,
dass du uns auch im Tode nicht alleine lässt.
Darum wissen wir unsere Verstorbenen bei dir geborgen.
Du umfängst sie mit deinem Frieden
und für die Menschen, die ihnen verbunden waren,
hast du einen Trost, der durchhilft
und Neubeginn ermöglicht.

Gemeinde *(gesprochen)*:
Das Volk, das noch im Finstern wandelt,
bald sieht es Licht, ein großes Licht.
Heb in den Himmel dein Gesicht
und steh und lausche, weil Gott handelt. *(EG 20,1)*

Liturg:
Gott, wir haben deine Auskunft –
und verlassen uns darauf.
Wir beten, wie Jesus gebetet hat:

Vaterunser

🎼 Lied: Macht hoch die Tür … (EG 1,4.5)

Segen:
Gott schweigt nicht – du hast sein Wort.
Gott schweigt nicht – er spricht dich an.
Gott schweigt nicht – er sagt dir Zukunft zu.

So segnet und behütet dich Gott,
der Liebevolle und Lebendige,
der Vater, der Sohn und der Heilige Geist.
Amen

Orgelnachspiel

Künftig! Zukunft
Gottesdienst zum 4. Advent

Orgelvorspiel

Lied: O Heiland, reiß die Himmel auf ... (EG 7,1–5)

Votum – Amen

Begrüßung:
Zum 4. Advent begrüße ich Sie, liebe Gemeinde – und zum vierten Gottesdienst in der »Künftig«-Reihe, die uns durch den Advent begleitet hat. Nach Herkunft, Ankunft, Auskunft ist es diesem Gottesdienst um die Zu-Kunft, um unsere Zukunft, zu tun. Da kommt etwas auf uns zu!

Der Gott, der uns den Horizont auftut, unser Gott, der sei mit euch – **und mit deinem Geist.**

Geht auf. Eingangsgebet im Wechsel:

Die Nacht ist vorgedrungen,
der Tag ist nicht mehr fern.
So sei nun Lob gesungen
dem hellen Morgenstern. (EG 16,1 – bis Viertelpause)

Gemeinde:
Des Tages rufe ich,
doch antwortest du nicht.

Und des Nachts,
doch finde ich keine Ruhe. (Psalm 22,3)

Liturg:
Auch wer zur Nacht geweinet, der stimme froh mit ein.
Der Morgenstern bescheinet auch deine Angst und Pein.

Noch manche Nacht wird fallen
auf Menschenleid und -schuld.
Doch wandert nun mit allen
der Stern der Gotteshuld. (EG 16,4 – dto.)

Gemeinde:
Die da sitzen in Finsternis und Dunkel,
gefangen in Zwang und Eisen –
die führt er aus Finsternis und Dunkel
und zerreißt ihre Bande. (Psalm 107,10+14)

Liturg:
Beglänzt von seinem Lichte, hält euch kein Dunkel mehr,
von Gottes Angesichte kam euch die Rettung her.

Gott will im Dunkel wohnen
und hat es doch erhellt.
Als wollte er belohnen,
so richtet er die Welt. (EG 16,5 – dto.)

Gemeinde:
Siehe, Finsternis bedeckt das Erdreich
und Dunkel die Völker;
aber über dir geht auf der Herr,
und seine Herrlichkeit erscheint über dir. (Jesaja 60,2)

Liturg:
Die Nacht ist schon im Schwinden,
macht euch zum Stalle auf.
Ihr sollt das Heil dort finden!

Ehre sei dem Vater ...

Bitte beten Sie mit mir:
Noch sitze ich hier, Gott, in meiner Nacht,
im Nebel, in meiner Finsternis,
und ich wage kaum, den Blick zu heben.
Bricht der Morgen an, wird mir noch Licht zuteil,
darf ich auf irgendetwas hoffen?
Ja, ich darf, ich kann, ich muss, Gott,
damit ich leben kann, und ich hoffe auf dich.
Du wirst mich nicht sitzen lassen.
Gott, erbarme dich!

Kyrie (EG 178.9)

Gott hört uns und er schweigt nicht.
Und das ist es, was Gott uns zusagt:

Ich will die Finsternis vor euch her zu Licht machen
und das Höckerige zur Ebene.
Das will ich tun und nicht davon lassen.

Ehre sei Gott in der Höhe – **und auf Erden Fried und den**
Menschen ein Wohlgefallen.

🎼 **Lied: Nun komm der Heiden Heiland ...** (EG 4,1+5)

Bitte lassen Sie uns beten:

Gott, der du unsere Sehnsucht hörst,
der du unsere Hoffnung spürst,
der du unser Warten siehst,
Gott, zögere nicht mehr lange.
Wir brauchen deine Gegenwart,
wir finden unsere Ruhe nur,
wenn du bei uns zuhause bist.
So komm, Gott, komm.
Das bitten wir dich durch Jesus Christus,
der unser Bruder geworden ist
und der mit dir und dem Heiligen Geist lebt und wirkt
von Ewigkeit zu Ewigkeit.
Amen

📖 Lesung: Jesaja 52,7-10

Wie lieblich sind auf den Bergen die Füße der Freudenboten, die da Frieden verkündigen, Gutes predigen, Heil verkündigen, die da sagen zu Zion: Dein Gott ist König! Deine Wächter rufen mit lauter Stimme und rühmen miteinander; denn alle Augen werden es sehen, wenn der Herr nach Zion zurückkehrt.
Seid fröhlich und rühmt miteinander, ihr Trümmer Jerusalems; denn der Herr hat sein Volk getröstet und Jerusalem erlöst.
Der Herr hat offenbart seinen heiligen Arm vor den Augen aller Völker, dass aller Welt Enden sehen das Heil unsres Gottes.

Mache dich auf und werde licht,
denn dein Licht kommt.
Hallelujah

Hallelujah ...

🎼 Lied: Es kommt ein Schiff geladen ... (EG 8,1–3)

Predigt: Zukunft

Gott, öffne mir die Augen, dass ich sehe die Wunder an deinem Wort. Amen

Und Schluss jetzt – Schluss jetzt mit der Miesepeterei, liebe Gemeinde! In der neuesten Umfrage eines Hamburger Zukunftsforschungsinstituts erwarten 44 % der Bundesbürger das neue Jahr voller Zuversicht und Optimismus. Das waren 2012 noch 5 % weniger und 2011 nur 36 %; die Zahl der Miesmacher und Brummelköppe, der ewigen Nörgler ist binnen zwei Jahren von 41 % auf 24 % gesunken. Hört, hört! Dann also »aufwärts froh den Blick gewandt und vorwärts fest den Schritt!« – wie's im Lied vom seligen August Hermann Francke, im Gesangbuch die Nummer 394, heißt. Das ist doch toll: Zukunftshoffnung liegt in der Luft! Na ja, und ich will die auch niemandem nehmen. Und doch überrascht mich dieser Befund sehr. Sieht es denn wirklich so rosig aus? Ich bin im Zweifel. Sie kennen die Fakten ja alle: Die Zahl der Umweltkatastrophen nimmt zu, und es ist kaum zu leugnen, dass sie hausgemacht sind. Die Erderwärmung schreitet ungebremst voran, die Hungerzonen breiten sich aus. Bürgerkriege überziehen die Völker im Nahen Osten, in Afrika, und um die soziale Gerechtigkeit steht es schlecht, Millionen von Menschen sind auf der Flucht. Und für vieles, was wir heute tun oder versäumen, werden unsere Kinder und Enkel die Zeche zahlen. Mir macht das große Sorgen.

Und wie es im Großen und Ganzen aussieht, so sieht's auch im Kleinen und Persönlichen aus. Manche und mancher steht vor den Trümmern seiner Lebensplanung, seiner Träume und Hoffnungen und weiß nicht, welche Zukunft es denn noch gibt, ob überhaupt irgendeine. Die alte Dame, die sich selbst vergessen hat, der von Schmerzen Gelähmte, der sich nicht mehr regen kann, die Sterbende und die, die um sie trauern und einen eigentlich ganz undenkbaren Abschied nehmen müssen – welche Zukunft haben die noch? Das Kind, das geschlagen wird, die Frau, die keine Freundinnen hat, der Mann, der die Arbeit kaum noch bewältigt? Welche Zukunft?

Mich bedrängen diese Fragen und der »aufwärts frohe Blick« fällt mir schwer. Manche nennen das Schwarzmalerei und Miesepetrigkeit, ich nenne es Realismus. Wir müssen einfach sehen, dass wir so vieles nicht im Griff haben. Die Zukunft, eine gute noch dazu, die zwingen wir mit aller Kraft unserer Herzen und unserer Hände nicht herbei. An der Vergangenheit können wir schon nichts mehr ändern, die Gegenwart verfliegt, noch ehe wir sie begriffen haben, und die Zukunft steht uns nicht zu Gebote. Das ist so, das müssen wir einsehen, das ist realistisch.

Und trotzdem, liebe Gemeinde, bin ich zutiefst optimistisch und hoffnungsfroh!

Allerdings nicht wegen guter Umfragewerte oder weil »schon alles irgendwie gut« wird, wie mancher unbedarft in Aussicht stellt, nicht, weil es uns gegeben wäre, uns am eigenen Schopf aus dem Sumpf zu ziehen, oder weil die Weltenläufte es am Ende doch gut mit uns meinen. Ich hab kein Horoskop befragt, in keine Kristallkugel geschaut, und Astro-TV ist mir die Antwort schuldig geblieben.

Ich bin ganz und gar zuversichtlich, weil wir ein Versprechen haben. »Alle Augen werden es sehen!«, heißt es ganz vollmundig bei Jesaja, wie wir es eben gehört haben. Wir werden es sehen, dass Gott seine Schöpfung heilt, dass er unsere Wunden verbindet, dass er unsere Herzen ermutigt, unsere Seelen beruhigt. Wir werden es sehen, dass unsere Wege ein Ziel haben und es für unsere Fragen Antwort gibt.

Es ist Gott selbst, der da den Mund sehr voll nimmt: »Alle Augen werden es sehen!« Aber er sagt das nicht beschwichtigend: »Nun beruhigt euch mal, ihr werdet schon sehen!« Und nicht mit schneidender Strenge in der Stimme: »Passt auf, ihr – ihr werdet schon sehen!« Nein, er sagt es wie einer, der etwas verspricht, der sein Wort gibt, ein Wort, auf das wir bauen können: »Wirklich, verlasst euch drauf, ihr werdet sehen.«

Wie ernst es Gott mit seinem Wort meint, das sehen wir, wenn sein Wort Fleisch wird, wenn der menschenfreundliche Gott Mensch wird – im Kind in der Krippe, im Prediger aus Nazareth, in der armen Gestalt am Kreuz. Gottes Versprechen ist nicht billig, ist nicht dahergesagt – er trägt die Kosten dafür. Und weil er das tut, ist er auch so vertrauenswürdig. Ich habe keinen Zweifel daran, dass der, der unsere Nächte teilt, einmal alle Finsternis besiegt, dass der, der sich wund schlagen lässt, unsere Wunden kennt und verbindet und heilt. Er nimmt nicht einfach nur den Mund voll, er nimmt das Herz in die Hand.

Wir werden es sehen!

Aber genügt uns das? Genügt uns das Futur, die Zukunftsform? Was hilft uns das, was erst noch sichtbar wird, hier und heute? Denn hier und heute müssten wir sehen, hier und heute müsste die Zukunft anbrechen, damit wir – im wahrsten Sinne – zuversichtlich sind.

Das Wort »Zukunft« hat einen schönen Trost. »Zukunft« heißt nicht nur, dass da etwas in der Ferne liegt, auf das wir warten müssen. »Zukunft« heißt nicht nur: Da kommt etwas auf uns zu. Es heißt auch: Etwas kommt uns zu. Wir haben also ein Anrecht darauf, wir können es gar einklagen, wir können Anspruch erheben und in Anspruch nehmen. Es kommt uns zu, dass Gott sein Wort hält. Was uns aber zukommt, das ist schon da. Die Zukunft glänzt schon herüber. Noch tut's im Herzen weh, aber Gott ermutigt uns schon. Noch sind viele Fragen offen, aber Antworten zeichnen sich ab. Noch träumen wir, aber unsere Sehnsucht wird schon gehört. Noch sind da Zweifel, aber Gott greift sie auf und macht sie fruchtbar. Was für die Zukunft versprochen ist, bei Jesaja heißt es: Freude, Frieden, Gutes, Heil – und was wir doch so nötig brauchen, das steht in seiner Fülle noch aus, aber das wirkt schon in jeden Tag, jede Stunde hinein. Aus: »Alle Augen werden es sehen!« wird: Wagt es, die Augen aufzutun, schaut euch um, hier und da glänzt es schon, da und dort wird etwas heil, wird aus Bösem Gutes, besiegt Frieden die Unversöhnlichkeit.

Ich gebe es gerne zu, das ist jetzt mit großen Worten gesagt – aber das Große, die Zukunft, die wird mit kleiner Münze ausbezahlt, den Vorschuss auf die Fülle gibt es Tag für Tag. Wenn wir's doch nur wahrnähmen und wertschätzten! Wenn einer dem anderen sein Ohr schenkt, dann weist das auf die Zukunft, da wir Gott von Angesicht zu Angesicht sehen. Wenn eine der anderen ein Wort zuspricht und Hilfe anbietet, dann glänzt darin etwas vom Heilwerden, das auf uns wartet; wenn einer getrost gehen kann, dann lässt sich etwas spüren vom Leben, das uns bevorsteht; wenn eine sich liebevoll öffnet und einen Schmerz, eine Sorge mitträgt, dann ist darin ein Hauch der Fülle, mit der Gott uns umfängt. Es sind nur kleine Gesten, leise Töne, aber sie holen unsere Zukunft in unsere Gegenwart, sie lassen uns hoffen.

Darum nicht »aufwärts froh den Blick gewandt und vorwärts fest den Schritt«, sondern: aufmerksam umgeschaut, in den Tag hineingespürt, nicht fortlaufen und wegwünschen, sondern verweilen und entdecken. Der Gott, in dessen Zeit Vergangenheit, Gegenwart und Zukunft zusammenfallen, der gibt uns sein Wort, auf den ist Verlass. Heute merken wir das, heute schon!
Amen

🎼 **Lied: Wie soll ich dich empfangen ... (EG 11,1.3.5.7)**

Bitte lassen Sie uns miteinander beten:
Du bist unsere Zukunft, Gott,
und das heißt doch:
Du öffnest uns den Horizont,
du weitest uns den Blick
und wir müssen nicht länger den Rücken beugen.
Wir vertrauen dir, Gott:

Oculi nostri ad Dominum Deum,
oculi nostri ad Dominum nostrum (EG Baden 789.5)

Deine Liebe kommt uns zu, Gott,
darin sind wir geborgen.
Wir bitten dich für die,
um die es kalt geworden ist,
für die Einsamen und Freudlosen,
die alleine stehen und frieren.
Wir vertrauen sie dir an, Gott:

Oculi nostri ... (EG Baden 789.5)

Du bist unsere Zukunft, Gott,
und das heißt doch:
Du wirst deine Welt heilen.
Wir bitten dich für die Verletzten,
für alle, die Opfer geworden sind,
deren Seelen bluten,
die sich nicht zu helfen wissen.
Wir vertrauen sie dir an, Gott:

Oculi nostri ... (EG Baden 789.5)

Dein Frieden kommt uns zu, Gott,
du erfüllst unsere Herzen.
Wir bitten dich für die, die unter Gewalt leiden,
für die Verfolgten und die Flüchtlinge,
für die vom Krieg Bedrohten und für seine Opfer,
für die Unterdrückten und Verängstigten in Palästina.
Wir vertrauen sie dir an, Gott:

Oculi nostri ... (EG Baden 789.5)

Du bist unsere Zukunft, Gott,
und das heißt doch:
Wir können unser Leben mutig leben.
Wir bitten dich für alle, die Verantwortung übernehmen
in Politik und Wirtschaft, Stadt und Land.
Bereichere sie mit deiner Phantasie,
hilf ihnen zu verantwortlichen Entscheidungen,
ermutige sie zur Wahrheit.
Wir vertrauen sie dir an, Gott:

Oculi nostri ... (EG Baden 789.5)

Deine Gegenwart kommt uns zu, Gott,
du bist nicht fern.
Wir bitten dich für deine Schöpfung,
die von deinem Atem lebt,
heile Wasser, Erde, Luft,
alles, was bedroht ist,
und rette all die Arten,
alles, was verloren scheint.
Erhalte die Schönheit, an der du dich doch freust.
Wir vertrauen sie dir an, Gott:

Oculi nostri ... (EG Baden 789.5)

Du bist unsre Zukunft, Gott,
und das heißt doch,
du hörst und siehst, was uns Sorgen macht,
was uns lachen lässt,
was uns bewegt.
In der Stille sagen wir, was wir im Herzen tragen:

(Gebetsstille)

Du bist unsere Zukunft, Gott, wir vertrauen dir:

Oculi nostri ... (EG Baden 789.5)

Beten wir, wie Jesus gebetet hat:

Vaterunser

🎼 **Lied: Die Nacht ist vorgedrungen ... (EG 16,1.3)**

Segen:

Schau auf – Gott ist dir nah.
Schau auf – Gott geht mit dir.
Schau auf – Gott macht dich heil!

So segnet und behütet dich Gott,
der Liebevolle und Lebendige,
der Vater, der Sohn und der Heilige Geist.
Amen

Orgelnachspiel

Mache dich auf, werde licht

Vier Andachten im Advent

Mache dich auf, werde licht – Sich erheben
Andacht zum Vorabend des 1. Advent

(Die Besucherinnen und Besucher der Andacht sitzen im Kreis im Chorraum oder im Halbrund vor dem Altar, in der Mitte ein Tischchen mit einem Adventskranz. Eine Kerze brennt. Daneben ein Körbchen mit Teelichten in genügender Anzahl. Der Liturg, die Liturgin ist Teil des Kreises.)

Musikalisches Vorspiel

Votum – Amen

Begrüßung:
Liebe vor-adventliche Gemeinde, heute geht das Kirchenjahr zu Ende. Nach den schwergewichtigen Feiertagen im November, nach dem Ewigkeitssonntag zuletzt, da wir der Verstorbenen und der eigenen Sterblichkeit gedacht haben, kommt jetzt die große Zeit der weiten Ausblicke, der helleren Melodien, der ersten Kerzen vor dem Licht der Weihnacht.

In den vier Andachten an den Vorabenden zu den Adventssonntagen wird uns eine Aufforderung begleiten, die Aufforderung Gottes, uns aufzumachen, licht zu werden. Wir werden ihr nachspüren, werden hineinfühlen, was es heißen mag, sich aufzutun und Leichtigkeit zu erfahren, wir werden lauschen und stille sein.

Der erhebende Gott, der sich aufmacht und uns ein Licht aufsteckt, der Gott, der uns erleichtert, der schließe uns auf dafür!

🎼 **Lied: Wie soll ich dich empfangen ... (EG 11,1)**

EG 11,2+4 – gelesen im Wechsel Liturg/ Gemeinde:

Dein Zion streut dir Palmen
und grüne Zweige hin,
  und ich will dir in Psalmen
  ermuntern meinen Sinn.
Mein Herze soll dir grünen
in stetem Lob und Preis
  und deinem Namen dienen,
  so gut es kann und weiß.

Ich lag in schweren Banden,
du kommst und machst mich los;
  ich stand in Spott und Schanden,
  du kommst und machst mich groß
und hebst mich hoch zu Ehren
und schenkst mir großes Gut,
  das sich nicht lässt verzehren,
  wie irdisch Reichtum tut.

🎼 **Lied: Wie soll ich dich empfangen ... (EG 11,1)**

Wie sollen, wie können wir ihn empfangen,
den Gott, der uns nahe sein will?
Was ist die rechte Haltung, ihm entgegenzuschauen,
wie nehmen wir ihn auf bei uns,
in unserer Welt, in unserem Leben,
in den großen und kleinen Geschichten,
in denen wir stehen?
Wie soll ich dich empfangen und wie begegn ich dir?

📖 Lesung: Jesaja 60,1-5a

Mache dich auf, werde licht; denn dein Licht kommt, und die Herrlichkeit des Herrn geht auf über dir!

Denn siehe, Finsternis bedeckt das Erdreich und Dunkel die Völker; aber über dir geht auf der Herr, und seine Herrlichkeit erscheint über dir.

Und die Heiden werden zu deinem Lichte ziehen und die Könige zum Glanz, der über dir aufgeht.

Hebe deine Augen auf und sieh umher: Diese alle sind versammelt und kommen zu dir. Deine Söhne werden von ferne kommen und deine Töchter auf dem Arme hergetragen werden.

Dann wirst du deine Lust sehen und vor Freude strahlen, und dein Herz wird erbeben und weit werden.

(Kurzes musikalisches Zwischenspiel – Melodie »Mache dich auf und werde licht« in Variationen, EG Baden 545)

Wie soll ich dich empfangen?
Wie ist das, wenn ich am Morgen die Sonne aufgehen sehen will,

wenn ich auf dem Gipfel eines Berges in die lichte Weite
schauen möchte?
Was muss ich tun,
wenn ich den hellen Tag erleben möchte,
den Silberstreif am Horizont,
die rote Sonne an einem großen Horizont?
Das muss ich tun:
Ich muss aufstehen,
muss den Blick heben.
Ich muss aufrecht stehen,
den Rücken strecken –
ich muss mich erheben.

So vieles, was uns daran hindert:
die Last des Alltags,
die Mühen der Arbeit.
Die Sorgen legen sich auf die Schultern und auf die Seele,
Herausforderungen, Aufgaben zwingen uns in die Knie,
ein Verlust zieht uns den Boden unter den Füßen weg
und wir stürzen in zähe, schwere Ratlosigkeit.
So vieles, was uns hindert, uns zu erheben.
Woher den Mut nehmen?

📖 Lesung: Markus 9,17-27 (in Auswahl)

Einer aber aus der Menge antwortete: Meister, ich habe
meinen Sohn hergebracht zu dir, der hat einen sprachlo-
sen Geist. Und wo er ihn erwischt, reißt er ihn; und er hat
Schaum vor dem Mund und knirscht mit den Zähnen und
wird starr.
Und sie brachten ihn zu ihm. Und sogleich, als ihn der Geist

sah, riss er ihn. Und er fiel auf die Erde, wälzte sich und hatte Schaum vor dem Mund.

Und Jesus fragte seinen Vater: Wie lange ist's, dass ihm das widerfährt? Er sprach: Von Kind auf. Und oft hat er ihn ins Feuer und ins Wasser geworfen, dass er ihn umbrächte. Wenn du aber etwas kannst, so erbarme dich unser und hilf uns!

Jesus aber sprach zu ihm: Du sagst: Wenn du kannst – alle Dinge sind möglich dem, der da glaubt.

Sogleich schrie der Vater des Kindes: Ich glaube; hilf meinem Unglauben!

Als nun Jesus sah, dass das Volk herbeilief, bedrohte er den unreinen Geist und sprach zu ihm: Du sprachloser und tauber Geist, ich gebiete dir: Fahre von ihm aus und fahre nicht mehr in ihn hinein! Da schrie er und riss ihn sehr und fuhr aus. Und der Knabe lag da wie tot, sodass die Menge sagte: Er ist tot.

Jesus aber ergriff ihn bei der Hand und richtete ihn auf, und er stand auf.

(Kurzes musikalisches Zwischenspiel – Melodie »Mache dich auf und werde licht« in Variationen, EG Baden 545)

Hören wir das gut – das ist der, der kommt:
Es ist der, der uns aufrichtet wie den kranken Sohn,
der uns heraushebt aus Schmerz und Tod,
aus Gefangenschaft und Verzweiflung.
Es ist der, der den kleinen Glauben anerkennt,
den der Unglaube nicht hindert, uns heilend nah zu sein.
Gott richtet uns auf –
und wir können ihm aufrecht ins Antlitz sehen.

Darum erheben wir uns und singen aufrecht dem kommenden Gott entgegen!

(Teilnehmende erheben sich und singen stehend.)

🎼 **Lied: O komm, o komm, du Morgenstern** ... (EG 19,1–3)

Bitte lassen Sie uns stille werden und nachdenken, nachspüren, wo wir uns erheben möchten oder schon erhoben waren, wo wir den aufrechten Gang erlernen möchten oder ihn schon üben.

Beten und bedenken wir in der Stille.
Wer mag, tritt still in die Mitte und entzündet an der Kerze am Adventskranz ein Teelicht, das für seine und ihre Gedanken und Bitten steht.
In die Stille hinein singen wir ab und zu die Liedzeile, die uns durch die Adventstage begleiten wird:

Mache dich auf und werde licht.
Mache dich auf und werde licht.
Mache dich auf und werde licht,
denn dein Licht kommt.
(EG Baden 545)

Wir beenden unsere Stille schließlich mit dem gemeinsamen Vaterunser.

(Gebetsstille, in die Stille hinein spricht der Liturg ab und zu den Satz: »Mache dich auf und werde licht«, dann wird die Liedzeile angestimmt.)

Vaterunser

🎼 **Lied: Seht, die gute Zeit ist nah** ... (EG 18,1+2)

Einladung zur nächsten Andacht vor dem 2. Advent

**Gehen wir in diese erste Adventswoche im Segen
und im Frieden unseres Gottes:**
*Segne und behüte
uns nach deiner Güte,
Herr, erheb dein Angesicht
über uns und gib uns Licht!*
(Text: J. E. Gossner, siehe EG Baden 580)

*So segne und behüte uns Gott,
der uns aufrichtet,
der Vater, der Sohn und der Heilige Geist.*
Amen

Musikalisches Nachspiel

Mache dich auf, werde licht – Sich auftun
Andacht zum Vorabend des 2. Advent

(Die Besucherinnen und Besucher der Andacht sitzen im Kreis im Chorraum oder im Halbrund vor dem Altar, in der Mitte ein Tischchen mit einem Adventskranz oder einem Adventsgesteck mit vier Kerzen. Zwei Kerzen brennen. Daneben ein Körbchen mit Teelichten in genügender Anzahl. Der Liturg, die Liturgin ist Teil des Kreises.)

Musikalisches Vorspiel

Votum – Amen

Begrüßung:
Herzlich begrüße ich Sie zur zweiten Andacht in der Reihe der Zeiten der Stille vor den Adventssonntagen.
Auch heute hören wir auf eine Aufforderung, die Aufforderung Gottes, uns aufzumachen, Licht zu werden. Wir werden ihr nachspüren, werden hineinfühlen, was es heißen mag, sich aufzutun und Leichtigkeit zu erfahren, wir werden lauschen und stille sein.
Der erhebende Gott, der sich aufmacht und uns ein Licht aufsteckt, der Gott, der uns erleichtert, der schließe uns auf dafür!

🎼 **Lied: Macht hoch die Tür ... (EG 1,1)**

EG 1,3+5 – gelesen im Wechsel Liturg/ Gemeinde:

O wohl dem Land, o wohl der Stadt,
so diesen König bei sich hat.
  Wohl allen Herzen insgemein,
  da dieser König ziehet ein.
Er ist die rechte Freudensonn,
bringt mit sich lauter Freud und Wonn.
  Gelobet sei mein Gott,
  mein Tröster früh und spat.

Komm, o mein Heiland Jesu Christ,
meins Herzens Tür dir offen ist.
  Ach zieh mit deiner Gnade ein;
  dein Freundlichkeit auch uns erschein.
Dein Heilger Geist uns führ und leit
den Weg zur ewgen Seligkeit.
  Dem Namen dein, o Herr,
  sei ewig Preis und Ehr.

🎼 **Lied: Macht hoch die Tür ... (EG 1,1)**

Die Tür auftun, damit Gott einzieht,
damit er einzieht in mein Leben,
in meine Zeit, in jeden Tag.
Die Tür, das Tor sperrangelweit öffnen,
damit Gott einkehrt und Wohnung nimmt.
Das sollte mir nicht schwerfallen.

Wie sollte ich Gott nicht willkommen heißen,
da ich mich doch nach seiner Gegenwart sehne,
da ich doch ohne ihn alleine bin.
Ich möchte, dass Gott bei mir wohnt!

📖 Lesung: Psalm 24,6-10

Das ist das Geschlecht, das nach ihm fragt,
das da sucht dein Antlitz, Gott Jakobs.
Machet die Tore weit und die Türen in der Welt hoch,
dass der König der Ehre einziehe!
Wer ist der König der Ehre?
Es ist der Herr, stark und mächtig,
der Herr, mächtig im Streit.
Machet die Tore weit und die Türen in der Welt hoch,
dass der König der Ehre einziehe!
Wer ist der König der Ehre?
Es ist der Herr Zebaoth; er ist der König der Ehre.

*(Kurzes musikalisches Zwischenspiel – Melodie »Mache
dich auf und werde licht« in Variationen, EG Baden 545)*

Die Tür auftun, das Tor aufstoßen.

Und manchmal fällt mir das schwer.
Mein Herz –
mein Herz ist noch lange nicht »zum Tempel zubereit(et)«,
wie es das Adventslied möchte.
Wenn Gott hier bei mir einzieht –
ich bin sicher, dann schaut er auch in die Ecken,
die ich lieber verborgen halte,

wo Staub liegt und wo es unordentlich ist.
Dann findet er die Schatten,
die ich im Keller verschlossen halte,
die mir Furcht machen.

Dann findet er ein unfertiges Haus vor,
in dem noch manches zu renovieren wäre,
in dem noch manches gute Stück fehlt.
Ja, ich hätte Gott gerne bei mir,
als Gast, für ein paar Tage,
als einer, der sich nicht zu breit macht
und der auch wieder weiterzieht.

Der mich auch wieder in Ruhe lässt,
damit ich meine kleinen Geheimnisse hüten kann,
damit ich nicht bloßgestellt werde,
meinen Ängsten nicht ausgeliefert bin.
Aber: Gott will nicht nur Gast sein.
»Siehe«, heißt es beim Propheten Sacharja.
»Siehe, ich komme und will bei dir wohnen!«
Wohnen, nicht nur auf Zeit.

Wie ist es denn, wenn Gott kommt
und bei mir wohnen will?

📖 Lesung: Lukas 19,1-10

Und er ging nach Jericho hinein und zog hindurch. Und siehe,
da war ein Mann mit Namen Zachäus, der war ein Oberer der
Zöllner und war reich. Und er begehrte, Jesus zu sehen, wer er
wäre, und konnte es nicht wegen der Menge; denn er war klein
von Gestalt. Und er lief voraus und stieg auf einen Maulbeer-
baum, um ihn zu sehen; denn dort sollte er durchkommen.

Und als Jesus an die Stelle kam, sah er auf und sprach zu ihm: Zachäus, steig eilends herunter; denn ich muss heute in deinem Haus einkehren. Und er stieg eilends herunter und nahm ihn auf mit Freuden.

Als sie das sahen, murrten sie alle und sprachen: Bei einem Sünder ist er eingekehrt.

Zachäus aber trat vor den Herrn und sprach: Siehe, Herr, die Hälfte von meinem Besitz gebe ich den Armen, und wenn ich jemanden betrogen habe, so gebe ich es vierfach zurück.

Jesus aber sprach zu ihm: Heute ist diesem Hause Heil widerfahren, denn auch er ist Abrahams Sohn.

Denn der Menschensohn ist gekommen, zu suchen und selig zu machen, was verloren ist.

(Kurzes musikalisches Zwischenspiel – Melodie »Mache dich auf und werde licht« in Variationen, EG Baden 545)

Hören wir das gut – so ist das, wenn einer die Tür auftut.

Jesus betritt das Haus, Gott kehrt ein –
und ja, die Schmuddelecken,
die Schatten bleiben nicht verborgen,
aber am Ende »ist diesem Hause Heil widerfahren«!
Gott erfüllt die tiefe Sehnsucht,
aber nimmt die Angst.
Gott holt das Verborgene ans Licht,
er betritt auch die Winkel und Kammern,
die ich nicht wahrhaben will –
aber macht mich zugleich frei von ihrer Dunkelheit,
vom Staub, vom dumpfen Geruch.
Gott kehrt ein wie ein frischer Wind,
der durch die Hütte fährt –

und ich bin befreit, ich bin glücklich,
weil ich mich nun in jedes Zimmer trauen kann,
weil ich den finsteren Keller,
den knarrenden Dachboden nicht mehr fürchten muss.
Auch dort, wo ich mich nicht hingetraut habe,
wohnt Gott jetzt.
Und ich bin zuhause bei mir selbst.

Darum erheben wir uns und singend öffnen wir uns für
den kommenden Gott!

(Teilnehmende erheben sich und singen stehend.)

🎼 Lied: Mit Ernst, o Menschenkinder ... (EG 10,1.2.4)

Bitte lassen Sie uns stille werden und nachdenken, nachspüren, wo wir uns noch weiter auftun möchten oder schon
aufgetan haben, in welche Kammern und Keller wir Gott
einlassen möchten, und wo wir noch zögern, es zu tun.

Beten und bedenken wir in der Stille.
Wer mag, tritt still in die Mitte und entzündet an einer
Kerze am Adventskranz ein Teelicht, das für seine und
ihre Gedanken und Bitten steht.
In die Stille hinein singen wir ab und zu die Liedzeile, die
uns durch die Adventstage begleitet:

Mache dich auf und werde licht.
Mache dich auf und werde licht.
Mache dich auf und werde licht,
denn dein Licht kommt.
(FG Baden 545)

(Gebetsstille, in die Stille hinein spricht der Liturg ab und zu den Satz: »Mache dich auf und werde licht«, dann wird die Liedzeile angestimmt.)

Vaterunser

🎼 **Lied: Die Nacht ist vorgedrungen ... (EG 16,1+4)**

Einladung zur nächsten Andacht vor dem 3. Advent

Gehen wir in diese zweite Adventswoche im Segen und im Frieden unseres Gottes:
Segne und behüte
uns nach deiner Güte,
Herr, erheb dein Angesicht
über uns und gib uns Licht!
(Text: J. E. Gossner, siehe EG Baden 580)

So segne und behüte uns Gott,
der uns aufrichtet,
der Vater, der Sohn und der Heilige Geist.
Amen

Musikalisches Nachspiel

Mache dich auf, werde licht – Licht werden
Andacht zum Vorabend des 3. Advent

(Die Besucherinnen und Besucher der Andacht sitzen im Kreis im Chorraum oder im Halbrund vor dem Altar, in der Mitte ein Tischchen mit einem Adventskranz oder einem Adventsgesteck mit vier Kerzen. Drei Kerzen brennen. Daneben ein Körbchen mit Teelichten in genügender Anzahl. Der Liturg, die Liturgin ist Teil des Kreises.)

Musikalisches Vorspiel

Votum – Amen

Begrüßung:
Herzlich begrüße ich Sie zur dritten Andacht in der Reihe der Zeiten der Stille vor den Adventssonntagen.
Auch heute hören wir auf eine Aufforderung, die Aufforderung Gottes, uns aufzumachen, Licht zu werden. Wir werden ihr nachspüren, werden hineinfühlen, was es heißen mag, sich aufzutun und Leichtigkeit zu erfahren, wir werden lauschen und stille sein.
Der erhebende Gott, der sich aufmacht und uns ein Licht aufsteckt, der Gott, der uns erleichtert, der schließe uns auf dafür!

🎼 **Lied: Du Morgenstern, du Licht vom Licht (EG 74,1)**

EG 74,2+3 – gelesen im Wechsel Liturg/ Gemeinde:

Du Lebensquell, wir danken dir,
auf dich, Lebend'ger, hoffen wir;
denn du durchdrangst des Todes Nacht,
hast Sieg und Leben uns gebracht.

Du ew'ge Wahrheit, Gottes Bild,
der du den Vater uns enthüllt,
du kamst herab ins Erdental
mit deiner Gotterkenntnis Strahl.

🎼 **Lied: Bleib bei uns, Herr ... (EG 74,4)**

Licht werden.
Das klingt verlockend: strahlen, glänzen.
Eine glänzende Erscheinung sein,
über beide Wangen strahlen,
eine Lichtgestalt werden – ein Star!
Eine Leuchte sein, ein großes Licht!
Na ja, wer braucht das schon,
darauf kommt es nicht an.
Aber im Lichte zu stehen,
im Lichte gedeihen wie ein Baum,
sich im Lichte öffnen wie eine Blüte,
vom Licht leben wie grünes, frisches Gras,
darauf kommt es schon an,
darauf, dass ich mein Antlitz ins Licht halten kann,
um die Wangen zu wärmen,

darauf, dass meine Augen Licht haben
und ich sehen, schauen, verstehen kann,
darauf, dass mir ein Licht aufgeht,
wenn ich ratlos bin.

📖 Lesung: Jesaja 8,23 + 9,1-4

Es wird nicht dunkel bleiben über denen, die in Angst sind.
Das Volk, das im Finstern wandelt, sieht ein großes Licht,
und über denen, die da wohnen im finstern Lande, scheint
es hell.
Du weckst lauten Jubel, du machst groß die Freude. Vor dir
wird man sich freuen, wie man sich freut in der Ernte, wie
man fröhlich ist, wenn man Beute austeilt.
Denn du hast ihr drückendes Joch, die Jochstange auf ihrer
Schulter und den Stecken ihres Treibers zerbrochen. Denn
jeder Stiefel, der mit Gedröhn dahergeht, und jeder Mantel,
durch Blut geschleift, wird verbrannt und vom Feuer ver-
zehrt.

*(Kurzes musikalisches Zwischenspiel – Melodie »Mache
dich auf und werde licht« in Variationen, EG Baden 545)*

Über uns – ein Licht.
Ein Licht, das die Dunkelheit vertreibt,
das, wenn es aufgeht, zum Lachen reizt,
zum Jubeln und Jauchzen.
»Vor dir wird man sich freuen«, verheißt Jesaja.
Man – das sind wir,
das sind alle, die sich im Dunkeln fürchten,
die stolpern und fallen,

wenn sie die Hand vor Augen nicht sehen.
Über uns – ein Licht,
als bräche der Tag an,
als würde es Morgen und der Nebel höbe sich,
als ginge ein Stern auf
und der volle Mond zeigte den Weg in der Nacht.
Über uns – ein Licht.
Und in uns!
Wenn die Furcht verfliegt,
wenn das Dunkle sich lichtet,
dann werden auch die Seelen frei,
dann flieht die Düsternis aus den Gemütern,
dann sind die Herzen erfüllt von Glanz.
»Gott«, sagt Paulus einmal. »Gott, der sprach:
Licht soll aus der Finsternis hervorleuchten,
der hat einen hellen Schein in unsere Herzen gegeben.«
(2. Korinther 4,6)
Hell ist es, hell ist es,
über uns und in uns.
Das verwandelt uns!

📖 Lesung: Matthäus 5,14-16

Ihr seid das Licht der Welt. Es kann die Stadt, die auf einem
Berge liegt, nicht verborgen sein.
Man zündet auch nicht ein Licht an und setzt es unter einen
Scheffel, sondern auf einen Leuchter; so leuchtet es allen,
die im Hause sind.
So lasst euer Licht leuchten vor den Leuten, damit sie eure
guten Werke sehen und euren Vater im Himmel preisen.

(Kurzes musikalisches Zwischenspiel – Melodie »Mache dich auf und werde licht« in Variationen, EG Baden 545)

Hören wir das gut – so ist das, wenn wir im Licht stehen.

Wir werden zu Lichtgestalten,
tatsächlich – zu Lichtgestalten Gottes.
Das ist so viel mehr, so erstaunlich viel mehr,
als nur aus Finsternis gerettet zu sein,
von der Düsternis in der Seele befreit zu sein.
Wir haben teil am Gotteslicht.
Kann das wahr sein?
Ist das nicht zu schön, um wahr zu sein?
Aber Jesus sagt nicht: Seid das Licht,
strengt euch gefälligst an zu leuchten.
Oder: Ihr könntet Licht sein,
wenn ihr euch nur ins Zeug legt.
Oder: Seid nett, setzt ein Lächeln auf,
dann halten euch die Leute für erleuchtet.
Nein, wir sind Licht,
das ist uns zugesprochen,
wir sind große Leuchten,
das hat Gott uns geschenkt.
Wir sind Licht!
Licht und Lichter der Welt.
Sie braucht uns.
Lassen wir's doch gelten!

Darum erheben wir uns und singend freuen wir uns, im Lichte zu stehen, Lichter zu sein!

(Teilnehmende erheben sich und singen stehend.)

🎵 **Lied: Auf, Seele, auf und säume nicht ... (EG 73,1.3-5)**

Bitte lassen Sie uns stille werden und nachdenken, nachspüren, wo wir das Gotteslicht brauchen, wo das Licht uns trifft, wie wir im Lichte stehen und selber Lichter sind.

Beten und bedenken wir in der Stille.
Wer mag, tritt still in die Mitte und entzündet an einer Kerze am Adventskranz ein Teelicht, das für seine und ihre Gedanken und Bitten steht. In die Stille hinein singen wir ab und zu die Liedzeile, die uns durch die Adventstage begleitet:

Mache dich auf und werde licht.
Mache dich auf und werde licht.
Mache dich auf und werde licht,
denn dein Licht kommt.
(EG Baden 545)

Wir beenden unsere Stille schließlich mit dem gemeinsamen Vaterunser.

(Gebetsstille, in die Stille hinein spricht der Liturg ab und zu den Satz:»Mache dich auf und werde licht«, dann wird die Liedzeile angestimmt.)

Vaterunser

🎵 **Lied: O wohl dem Land, o wohl der Stadt ... (EG 1,3+5)**

Einladung zur nächsten Andacht vor dem 4. Advent

Gehen wir in diese dritte Adventswoche im Segen und im Frieden unseres Gottes:

Segne und behüte
uns nach deiner Güte,
Herr, erheb dein Angesicht
über uns und gib uns Licht!
(Text: J. E. Gossner, siehe EG Baden 580)

So segne und behüte uns Gott,
der uns aufrichtet,
der Vater, der Sohn und der Heilige Geist.
Amen

Musikalisches Nachspiel

Mache dich auf, werde licht – Leicht werden
Andacht zum Vorabend des 4. Advent

(Die Besucherinnen und Besucher der Andacht sitzen im Kreis im Chorraum oder im Halbrund vor dem Altar, in der Mitte ein Tischchen mit einem Adventskranz oder einem Adventsgesteck mit vier Kerzen. Vier Kerzen brennen. Daneben ein Körbchen mit Teelichten in genügender Anzahl. Der Liturg, die Liturgin ist Teil des Kreises.)

Musikalisches Vorspiel

Votum – Amen

Begrüßung:
Herzlich begrüße ich Sie zur vierten und letzten Andacht in der Reihe der Zeiten der Stille vor den Adventssonntagen. Nur ein paar Tage sind es noch zur Weihnacht, dann ist Fest- und Feierzeit.

Hören wir noch einmal auf eine Aufforderung, die Aufforderung Gottes, uns aufzumachen, Licht zu werden. Wir werden ihr nachspüren, werden hineinfühlen, was es heißen mag, sich aufzutun und Leichtigkeit zu erfahren, wir werden lauschen und stille sein.

Der erhebende Gott, der sich aufmacht und uns ein Licht aufsteckt, der Gott, der uns erleichtert, der schließe uns auf dafür!

🎵 **Lied: Die Nacht ist vorgedrungen** ... (EG 16,1)

EG 16,2+3 – gelesen im Wechsel Liturg/ Gemeinde:

Dem alle Engel dienen,
wird nun ein Kind und Knecht.
  Gott selber ist erschienen
  zur Sühne für sein Recht.
Wer schuldig ist auf Erden,
verhüll nicht mehr sein Haupt.
  Er soll errettet werden,
  wenn er dem Kinde glaubt.

Die Nacht ist schon im Schwinden,
macht euch zum Stalle auf!
  Ihr sollt das Heil dort finden,
  das aller Zeiten Lauf
von Anfang an verkündet,
seit eure Schuld geschah.
  Nun hat sich euch verbündet,
  den Gott selbst aussersah.

🎵 **Lied: Noch manche Nacht wird fallen** ... (EG 16,4)

Mache dich auf und werde licht –
der Rat des Propheten hat uns durch die Adventszeit begleitet.
Vielleicht haben Sie sich über die Grammatik schon ein wenig Gedanken gemacht.
Mache dich auf und werde »licht« –

»licht«, klein geschrieben,
es ist kein Substantiv, kein Hauptwort,
sondern ein Adjektiv, ein Wie-Wort.
Wenn Gottes Licht aufgeht,
dann werde ich »licht« –
ein lichter Mensch.
Am Ende seiner Tage sang David ein Danklied:

📖 Lesung: 2. Samuel 22,2-4.29-31

Der Herr ist mein Fels und meine Burg
und mein Erretter.
Gott ist mein Hort, auf den ich traue,
mein Schild und Berg meines Heils,
mein Schutz und meine Zuflucht,
mein Heiland, der du mir hilfst vor Gewalt.
Ich rufe an den Herrn, den Hochgelobten,
so werde ich vor meinen Feinden errettet.
Ja, du, Herr, bist meine Leuchte;
der Herr macht meine Finsternis licht.
Denn mit dir kann ich Kriegsvolk zerschlagen
und mit meinem Gott über Mauern springen.
Gottes Wege sind vollkommen,
des Herrn Worte sind durchläutert.
Er ist ein Schild allen, die ihm vertrauen.

*(Kurzes musikalisches Zwischenspiel – Melodie »Mache
dich auf und werde licht« in Variationen, EG Baden 545)*

Ein lichter Mensch ist einer, der strahlt,
der widerstrahlt vom Licht,

das Gott aussendet.
Von Mose wird erzählt, dass sein Antlitz leuchtete,
als er Gott begegnet war auf dem Sinai.
Der war ein lichter Mensch.
Wir kennen das auch:
Leuchtende Gesichter,
leuchtend von einem Lachen,
vom Schalk in den Augen,
vom großen Glück im Herzen.
Wer so leuchtet, der lebt leicht.
Die beiden Worte »licht« und »leicht«
liegen nah beieinander,
das ist im Wort »lichten« – den Anker lichten –
noch zu hören.
In Gottes Licht zu leben,
das ist eine Erleichterung,
das macht mich leicht,
das lässt mich, wie es bei Samuel heißt,
»über Mauern springen«.
Aber: Davon spüre ich oft genug nichts.
Nein, ich schleppe mich durch meine Zeit,
ich trage schwer an mir selbst,
an meinen Fehlern, meiner Mittelmäßigkeit.
Ich gerate außer Atem,
die Schultern sind zu sehr belastet,
der Rücken ist gebeugt.
Leicht? Leicht fühl ich mich nicht.
Leicht fühlt sich dies Leben nicht an.
Gott weiß das,
Gott ruft uns zu:

📖 Lesung: Matthäus 11,28-33

Kommt her zu mir, alle, die ihr mühselig und beladen seid; ich will euch erquicken.

Nehmt auf euch mein Joch und lernt von mir; denn ich bin sanftmütig und von Herzen demütig; so werdet ihr Ruhe finden für eure Seelen.

Denn mein Joch ist sanft, und meine Last ist leicht.

(Kurzes musikalisches Zwischenspiel – Melodie »Mache dich auf und werde licht« in Variationen, EG Baden 545)

Hören wir das gut – so ist das, wenn Gott uns erleichtert.

»Meine Last ist leicht.«
Gott sieht nicht darüber hinweg,
sein Licht überstrahlt die Lasten nicht
und lässt sie nicht in der Helligkeit verschwinden –
da ist Last, wir haben zu tragen.
Das Leben gibt uns zu tragen.
Aber Gott trägt mit,
Gott macht die unsere zu seiner Last,
bringt seine Schultern ins Spiel,
leiht seine Arme,
reicht seine Hände.
Bei Lichte besehen,
im Lichte Gottes gesehen
sind wir mit allem, was uns zu schwer wird, nicht allein.
Schauen wir ihm ins Angesicht –
im Angesicht Jesu können wir das –
lassen wir uns beleuchten,
dann fallen die Lasten nicht gleich ab.

Aber wir werden tragfähig,
zum Tragen fähig!
Welch eine Erleichterung!
Und wir gehen etwas beschwingter durch unsere Zeit!

Darum erheben wir uns und singend freuen wir uns daran,
leichter zu sein, mit Gott über Mauern springen zu können.

(Teilnehmende erheben sich und singen stehend.)

🎼 **Lied: Kommt her zu mir, spricht Gottes Sohn**
   (EG 363,1.2.7)

Bitte lassen Sie uns stille werden und nachdenken, nachspüren, wo wir Erleichterung brauchen, wo wir Mauern
sehen, über die wir springen möchten, oder beglückt erkennen, dass wir schon leichtfüßig unsere Wege gehen.

Beten und bedenken wir in der Stille.
Wer mag, tritt still in die Mitte und entzündet an einer Kerze
am Adventskranz ein Teelicht, das für seine und ihre Gedanken und Bitten steht. In die Stille hinein singen wir ab und
zu die Liedzeile, die uns durch die Adventstage begleitet:

Mache dich auf und werde licht.
Mache dich auf und werde licht.
Mache dich auf und werde licht,
denn dein Licht kommt.
(EG Baden 545)

Wir beenden unsere Stille schließlich mit dem gemeinsamen Vaterunser.

(Gebetsstille, in die Stille hinein spricht der Liturg ab und zu den Satz: »Mache dich auf und werde licht«, dann wird die Liedzeile angestimmt.)

Vaterunser

𝄞 **Lied: Das Volk, das noch im Finstern wandelt ...**
    (EG 20,1.2.4)

Gehen wir in diese letzten Tage vor der Weihnacht im Segen und im Frieden unseres Gottes:
Segne und behüte
uns nach deiner Güte,
Herr, erheb dein Angesicht
über uns und gib uns Licht!
(Text: J. E. Gossner, siehe EG Baden 580)

So segne und behüte uns Gott,
der uns aufrichtet,
der Vater, der Sohn und der Heilige Geist.
Amen

Musikalisches Nachspiel

Erst eins, dann zwei …
Andachten zum Advent

Erst eins, dann zwei ...
Eins. Andacht zum Advent

(Die Teilnehmenden sitzen möglichst in einem Kreis um einen Adventskranz, dessen Kerzen noch nicht entzündet sind. Der Liturg, die Liturgin ist Teil des Kreises.)

🎼 **Lied: Es kommt ein Schiff geladen ... (EG 8,1–4)**

Dass der Weg das Ziel sei – inzwischen eine etwas oberflächlich benutzte Weisheit – gilt für die Adventszeit ganz gewiss. Sie ist eine ganz eigene Kirchenjahreszeit – nicht einfach Vorfeld zur Weihnacht, Vorbereitungszeit bis zur Heiligen Nacht. Sie hat eigenen Wert und eigene Würde, da sie uns Gott ins Herz schauen lässt.

Als Johann Hinrich Wichern 1839 den Adventskranz für seine »Burschen« im Rauhen Haus erfand, wollte er wohl, dass sie sich auf das große Fest der Weihnacht einstimmten – aber jeder Tag sollte ein bewusst erlebter sein.

Lassen Sie uns diese Haltung nahvollziehen, geben wir jedem der Adventssonntage sein eigenes Gewicht – hören wir, was ihre Zahl uns sagt!

Sie kennen den alten Kinderreim:

> *Advent, Advent, ein Lichtlein brennt,*
> *erst eins, dann zwei,*
> *dann drei, dann vier,*
> *dann steht das Christkind vor der Tür.*

Heute sind wir beim **ersten** Licht.

(Die erste Kerze am Adventskranz wird entzündet.)

🎼 **Lied: Wir sagen euch an den lieben Advent** ... (EG 17,1)

(Der Liturg, die Liturgin legt eine große Zahl 1 in die Mitte des Kreises zum Adventskranz – sie bleibt dort die vier Andachten über liegen. Die Zahl kann aus Tonpapier ausgeschnitten, aus Holz ausgesägt, mit Steinen gelegt werden.)

Die **erste** Kerze – die Zahl **Eins.**

Bitte nehmen Sie die Zahl wahr,
schmecken Sie sie auf der Zunge,
lassen Sie sich die Zahl durch den Kopf gehen,
lauschen Sie nach, was sie Ihnen sagt.
Welche Bilder und Gedanken kommen Ihnen bei der Zahl 1?
Halten wir ein paar Augenblicke Stille,
hören wir auf die Zahl 1!

(Stille)

Wer mag, äußert den einen oder anderen seiner Gedanken, teilt seine Bilder und Ideen mit uns!

(Austausch im Kreis)

🎼 **Lied: Wir sagen euch an den lieben Advent** ... (EG 17,1)

»Schema Jisrael, adonai eloheinu adonai ächat!
Höre Israel, der Herr, dein Gott, der Herr ist einer!«
So lautet das Grundbekenntnis der jüdischen Religion,
aus der die christliche erwachsen ist.
Der Glaube an die Einheit Gottes
verbindet die drei abrahamitischen Religionen,
Judentum, Christentum und Islam.
Es gibt keine Vielzahl von Göttern,
kein Pantheon, kein Olymp,
und Gott ist kein unpersönliches Prinzip,
das durch Welten und Zeiten wogt –
damit und davon leben
die drei mono-theistischen Religionen.
Im Bekenntnis zur seiner Einheit
eint der eine Gott Juden, Christen und Muslime.
Die Antworten, die Menschen geben,
sind unterschiedlich,
der eine Gott aber kein jeweils anderer.
Wir sollen da achtsam sein:
Der eine Gott eint.

Aber wir dürfen den je eigenen Glauben auch wert achten.
Denn wenn der Gott einer ist,
der uns zu seinen Ebenbildern schuf,
uns und alle Menschen,
gleich, welcher Herkunft, gleich, welcher Religion,
dann ist jeder Mensch auch ein Einzelner, eine Einzelne.
Recht verstanden:
Nicht zu Vereinzelten macht uns Gott,
sondern zu Einzelnen – zu Individuen,
zu Menschen mit eigenem Wert und eigener Würde.

Wir sind nicht Masse, nicht Zahl,
wir sind: du und ich.
Der, der »Ich« sagt, der eine Gott,
der duzt uns und befreit uns zum eigenen »Ich«,
zur eigenen Stimme, zum eigenen Ton,
zu Hand und Fuß, die mir gehören,
zur Stirne, hinter der ich
meine eigenen Gedanken träume,
zum Herzen, das meine eigenen Sehnsüchte bewegt,
zu Erkenntnissen und Erfahrungen,
die ich selbst gemacht habe,
zu meiner ganz eigenen Geschichte.
Die ist nie ohne die anderen,
die ist nie ohne Gott
(darauf werden wir bei der nächsten Andacht noch hören),
aber sie ist doch immer meine.
Vor Gott bin ich: ich selbst,
weil ich zu ihm gehöre,
weil ich sein Geschöpf bin.

Ich empfinde das als große Ermutigung.
Wenn der eine Gott mich eins und eigen macht,
dann muss ich die anderen nicht fürchten,
so unterschiedlich sie auch leben, glauben, denken.
Eins mit mir selbst,
kann ich sie sein lassen, wie sie sind.
Meiner selbst bewusst,
kann ich sie – selbstbewusst – neben mir dulden.

Und vielleicht noch etwas mehr:
Denn sie sind selbst eins durch den einen Gott.
Das könnte mich neugierig machen auf das,

was die anderen erfahren und gelernt haben,
wie sie sich selbst
und wie sie Gott verstehen, glauben, erleben.

Ich glaube, Gott will das so,
und lächelt,
wenn die Einzelnen sich suchen und besuchen.
Der eine Gott hat es nicht anders gemacht:
»Siehe, ich komme und will bei dir wohnen!« sagt er,
adventlich.
Amen

𝄞 Lied: Seht, die gute Zeit ist nah ... (EG 18,1+2)

Wir glauben all an einen Gott,
Schöpfer Himmels und der Erden,
der sich zum Vater geben hat,
dass wir seine Kinder werden.
Er will uns allzeit ernähren,
Leib und Seel auch wohl bewahren;
allem Unfall will er wehren,
kein Leid soll uns widerfahren.
Er sorget für uns, hüt' und wacht;
es steht alles in seiner Macht.
(M. Luther – siehe EG 183)

Beten wir miteinander, wie Jesus gebetet hat:

Vaterunser

Segen:
Der eine Gott ermutige dich zu dir selbst,

der eine Gott helfe dir, Liebe zu wagen,
der eine Gott verbinde dich mit den Menschen
um dich her.
So segne und behüte dich der eine Gott,
der Vater, der Sohn und der Heilige Geist.
Amen

(Der Liturg, die Liturgin lädt die Teilnehmenden ein, je nach Wunsch noch etwas im Kreis zu verharren, dabei still zu sein. Die Teilnehmenden erheben sich individuell und gehen still aus der Kirche.)

Leise Musik zum Ausklang

Erst eins, dann zwei …
Zwei. Andacht zum Advent

(Die Teilnehmenden sitzen möglichst in einem Kreis um einen Adventskranz, dessen Kerzen noch nicht entzündet sind. Der Liturg, die Liturgin ist Teil des Kreises.)

🎼 **Lied: Macht hoch die Tür, die Tor macht weit …**
   (EG 1,1.5)

Dass der Weg das Ziel sei – inzwischen eine etwas oberflächlich benutzte Weisheit – gilt für die Adventszeit ganz gewiss. Sie ist eine ganz eigene Kirchenjahreszeit – nicht einfach Vorfeld zur Weihnacht, Vorbereitungszeit bis zur Heiligen Nacht. Sie hat eigenen Wert und eigene Würde, da sie uns Gott ins Herz schauen lässt.

Als Johann Hinrich Wichern 1839 den Adventskranz für seine »Burschen« im Rauhen Haus erfand, wollte er wohl, dass sie sich auf das große Fest der Weihnacht einstimmten – aber jeder Tag sollte ein bewusst erlebter sein.

Lassen Sie uns diese Haltung nachvollziehen, geben wir jedem der Adventssonntage sein eigenes Gewicht – hören wir, was seine Zahl uns sagt!

Sie kennen den alten Kinderreim:

Advent, Advent, ein Lichtlein brennt,
erst eins, dann zwei,
dann drei, dann vier,
dann steht das Christkind vor der Tür.

Heute sind wir beim **zweiten** Licht.

*(Die erste und zweite Kerze am Adventskranz werden ent-
zündet.)*

🎼 **Lied: Wir sagen euch an den lieben Advent ...
(EG 17,1+2)**

*(Der Liturg, die Liturgin legt eine große Zahl 2 in die
Mitte des Kreises zum Adventskranz, gegenüber der zuvor
gelegten 1 – sie bleibt dort die vier Andachten über liegen.
Die Zahl kann aus Tonpapier ausgeschnitten, aus Holz
ausgesägt, mit Steinen gelegt werden.)*

Die **zweite** Kerze – die Zahl **Zwei.**

Bitte nehmen Sie die Zahl wahr,
schmecken Sie sie auf der Zunge,
lassen Sie sich die Zahl durch den Kopf gehen,
lauschen Sie nach, was sie Ihnen sagt.
Welche Bilder und Gedanken kommen Ihnen bei der Zahl 2?
Halten wir ein paar Augenblicke Stille,
hören wir auf die Zahl 2!

(Stille)

Wer mag, äußert den einen oder anderen seiner Gedanken, teilt seine Bilder und Ideen mit uns!

(Austausch im Kreis)

🎼 **Lied: Wir sagen euch an den lieben Advent ... (EG 17,2)**

Die Zwei ist eine spannungsreiche Zahl.

Zwei, das sind zwei, die sich gegenüberstehen,
zwei Protagonisten, zwei Gegenpole, zwei Feinde.
Oder:
Zwei, das sind zwei, die zusammengehören.
Zwei Freunde, zwei Liebende, ein Paar.

Zwischen Zweien kann Grabesstille herrschen,
kann sich ein Abgrund auftun,
zwei kommen nicht zusammen.
Oder:
Zwischen Zweien schwingt etwas,
zwei verstehen sich und reichen sich die Hand,
zwischen Zweien ist eine Brücke gespannt.

Zwei sind eins oder getrennt,
zwei leben neben- oder miteinander,
zwei wissen umeinander oder ignorieren sich.
Es gehört wohl immer zusammen:
die Unterschiedenheit Zweier,
und dass sie aufeinander gewiesen sind.
Sie sind sich gegenüber – und gehören doch zusammen.

Bei Gott und Mensch ist das so:
Gott ist, wie es in der Theologie gerne hieß,
Gott ist »der ganz Andere« –
und er ist doch nicht und niemals geschieden von uns,
den Menschen, die er schuf und die er liebt.
»Sünder« sind wir, sagt die theologische Tradition,
also getrennt von Gott, dem Tod verfallen,
getrennt und abgeschnitten von dem,

der die Quelle des Lebens ist.
Hier sind wir, im Dunkeln,
drüber, in der Helle, ist er – fort, weit, weit weg.

So fühlt sich das Leben auch manchmal an:
abgeschnitten, abgetrennt von aller Lebendigkeit.
Aber so lässt Gott es nicht gelten!
Er überspringt den Graben,
er wischt das Trennende fort.
Der uns gegenüber ist,
hält es nicht aus, getrennt zu bleiben –
weil er liebt.
Wer liebt, erträgt es nicht,
wenn etwas zwischen den Liebenden steht.

Es ist ein Geheimnis um Gottes Liebe:
Gott will liebend eins sein mit uns –
und vereinnahmt uns doch nicht.
Er bleibt uns gegenüber,
achtet Wert und Würde, die uns eigen sind.
Wir gehen in Gott nicht auf!
Dann liebte er am Ende doch nur sich selbst.
Gott, der Liebende, bleibt Geliebter,
bleibt Partner und Freund,
uns gegenüber, damit wir uns entfalten können,
damit wir an seinem Du zu unserem Ich finden,
wie Martin Buber, der jüdische Philosoph, einmal gesagt hat.

Zwei, das sind zwei, die sich gegenüberstehen,
zwei, das sind zwei, die zusammengehören.
Eins ist nicht ohne das andere –
wir sind nicht ohne Gott,

Gott ist nicht ohne uns.
Amen

🎼 Lied: Seht, die gute Zeit ist nah ... (EG 18,1+2)

Jesus ist kommen, Grund ewiger Freude;
A und O, Anfang und Ende steht da.
Gottheit und Menschheit vereinen sich beide;
Schöpfer, wie kommst du uns Menschen so nah!
Himmel und Erde, erzählet's den Heiden:
Jesus ist kommen, Grund ewiger Freuden.
(J. L. K. Allendorf – siehe EG 66)

Beten wir miteinander, wie Jesus gebetet hat:

Vaterunser

Segen:
Der Gott, zu dem du gehörst,
der ist dir liebend nahe.
Der Gott, zu dem du gehörst,
der lässt dich liebend frei.
So segnet und behütet dich der liebende Gott,
der Vater, der Sohn und der Heilige Geist.
Amen

(Der Liturg, die Liturgin lädt die Teilnehmenden ein, je nach Wunsch noch etwas im Kreis zu verharren, dabei still zu sein. Die Teilnehmenden erheben sich individuell und gehen still aus der Kirche.)

Leise Musik zum Ausklang

Erst eins, dann zwei …
Drei. Andacht zum Advent

(Die Teilnehmenden sitzen möglichst in einem Kreis um einen Adventskranz, dessen Kerzen noch nicht entzündet sind. Der Liturg, die Liturgin ist Teil des Kreises.)

🎼 **Lied: Macht hoch die Tür, die Tor macht weit (EG 1,1.5)**

Dass der Weg das Ziel sei, gilt, wie wir inzwischen gesehen haben, für die Adventszeit ganz gewiss. Sie ist eine ganz eigene Kirchenjahreszeit – nicht einfach Vorfeld zur Weihnacht, Vorbereitungszeit bis zur Heiligen Nacht. Sie hat eigenen Wert und eigene Würde, da sie uns Gott ins Herz schauen lässt.

Als Johann Hinrich Wichern 1839 den Adventskranz für seine »Burschen« im Rauhen Haus erfand, wollte er wohl, dass sie sich auf das große Fest der Weihnacht einstimmten – aber jeder Tag sollte ein bewusst erlebter sein.

Lassen Sie uns diese Haltung nachvollziehen, geben wir jedem der Adventssonntage sein eigenes Gewicht – hören wir, was seine Zahl uns sagt!

Sie kennen den alten Kinderreim:

Advent, Advent, ein Lichtlein brennt,
erst eins, dann zwei,
dann drei, dann vier,
dann steht das Christkind vor der Tür.

Heute sind wir beim **dritten** Licht.

(Die erste, zweite und dritte Kerze am Adventskranz werden entzündet.)

🎼 **Lied: Wir sagen euch an den lieben Advent ... (EG 17,1.2.3)**

(Der Liturg, die Liturgin legt eine große Zahl 3 in die Mitte des Kreises zum Adventskranz, zwischen die Zahlen 1 und 2 – sie bleibt dort die vier Andachten über liegen. Die Zahl kann aus Tonpapier ausgeschnitten, aus Holz ausgesägt, mit Steinen gelegt werden.)

Die **dritte** Kerze – die Zahl **Drei**.

Bitte nehmen Sie die Zahl wahr,
schmecken Sie sie auf der Zunge,
lassen Sie sich die Zahl durch den Kopf gehen,
lauschen Sie nach, was sie Ihnen sagt.
Welche Bilder und Gedanken kommen Ihnen bei der Zahl 3?
Halten wir ein paar Augenblicke Stille,
hören wir auf die Zahl 3!

(Stille)

Wer mag, äußert den einen oder anderen seiner Gedanken, teilt seine Bilder und Ideen mit uns!

(Austausch im Kreis)

🎼 **Lied: Wir sagen euch an den lieben Advent ... (EG 17,3)**

Die Zahl Drei –
sie gilt Christinnen und Christen seit alters
als die heiligste Zahl
neben der Eins.
Der eine Gott zeigt sich dreifaltig,
er ist der Dreieinige:
Vater, Sohn und Heiliger Geist.

»Des freu sich alle Christenheit und lobe die Dreifaltigkeit«, heißt es im Osterlied (EG 100,5).

Über viele Jahrzehnte, Jahrhunderte eigentlich,
haben Christinnen und Christen
um diesen Glaubenssatz gerungen,
und noch heute erschließt er sich schwer.
Drei in eins, wie soll das gehen?
Juden und Muslime kritisieren die christliche Religion
darum:
zu viel Spekulation, zu viel Philosophie!
Ist sie nicht etwas zu geheimnisvoll:
die Lehre von der Trinität,
von der Dreifaltigkeit?

Ja, ein Geheimnis ist sie,
das lebendige, wirkungsvolle Geheimnis der Liebe –
denn von nichts anderem spricht die Drei
in dem einen Gott:
Vater, Sohn und Heiliger Geist.

Gott-Vater, der Schöpfergott:
Er schuf alles Leben, um nicht allein zu sein,
um Gegenüber zu haben,

Mensch und Natur, Himmel und Erde, Welt und Kosmos.
Gott ist eins, aber einsam mag er nicht sein;
er will, dass sein Atem durch die Wesen geht,
Gott, der Liebende, braucht Geliebte.

Gott-Sohn, Jesus Christus:
Er sieht, was seine Geschöpfe am Leben hindert,
sieht den Mangel, unter dem wir leiden,
sieht unsere Fehlerhaftigkeit, unsere Todverfallenheit
und sieht, dass wir uns selbst nicht zu helfen wissen.
Da wird er in Jesus der »Immanuel«, der Gott mit uns,
an unserer Seite, auf unseren Straßen,
in unserem Elend und unserem Glück,
in allem, was unser Leben verdunkelt und erhellt.
Gott, der Liebende, wird einer von uns.

Gott, der Heilige Geist:
Er gibt sich uns ins Herz,
er spricht, wenn es uns die Sprache verschlägt,
er seufzt, wenn die ganze Schöpfung
sich nach Erlösung sehnt,
er tröstet leise,
wenn uns um Trost bange ist,
er ist der Gott in unseren Herzen –
und doch nicht verfügbar.
Er weht, wo er will,
schöpferisch, phantasievoll, farbenfroh und überraschend.
Im Geist nimmt Gott Wohnung in uns.
Gott, der Liebende, macht sich breit.

Der dreimaleine Gott,
das dreimaleine Geheimnis seiner Liebe:

Er ruft uns ins Leben, weil er uns liebt;
er trägt unsere Lasten, weil er uns liebt.

Denn:
»Gott ist die Liebe;
und wer in der Liebe bleibt,
der bleibt in Gott und Gott in ihm.«
(1. Johannes 4,16)

So einfach ist das,
dreimal einfach.
Das Geheimnis der Liebe.
Amen

🎼 Lied: Seht, die gute Zeit ist nah (EG 18,1+2)

Liebe, die du mich erkoren,
eh ich noch geschaffen war,
Liebe, die du Mensch geboren
und mir gleich wardst ganz und gar:
Liebe, dir ergeb ich mich,
dein zu bleiben ewiglich.

Liebe, die für mich gelitten
und gestorben in der Zeit,
Liebe, die mir hat erstritten
ewge Lust und Seligkeit:
Liebe, dir ergeb ich mich,
dein zu bleiben ewiglich.

Liebe, die du Kraft und Leben,
Licht und Wahrheit, Geist und Wort,

Liebe, die sich ganz ergeben
mir zum Heil und Seelenhort:
Liebe, dir ergeb ich mich,
dein zu bleiben ewiglich.
(Johann Scheffler – siehe EG 401)

Beten wir miteinander, wie Jesus gebetet hat:

Vaterunser

Segen:
Gott, der dich schuf – er bewahre dich.
Gott, der dich befreite – er begleite dich.
Gott, der dich tröstet – er ermutige dich.

So segne und behüte dich der liebende Gott,
der Vater, der Sohn und der Heilige Geist.
Amen

(Der Liturg, die Liturgin lädt die Teilnehmenden ein, je nach Wunsch noch etwas im Kreis zu verharren, dabei still zu sein. Die Teilnehmenden erheben sich individuell und gehen still aus der Kirche.)

Leise Musik zum Ausklang

Erst eins, dann zwei ...
Vier. Andacht zum Advent

(Die Teilnehmenden sitzen möglichst in einem Kreis um einen Adventskranz, dessen Kerzen noch nicht entzündet sind. Der Liturg, die Liturgin ist Teil des Kreises.)

♪ **Lied: Macht hoch die Tür, die Tor macht weit ... (EG 1,1.5)**

Dass der Weg das Ziel sei, gilt, wie wir inzwischen gesehen haben, für die Adventszeit ganz gewiss. Sie ist eine ganz eigene Kirchenjahreszeit – nicht einfach Vorfeld zur Weihnacht, Vorbereitungszeit bis zur Heiligen Nacht. Sie hat eigenen Wert und eigene Würde, da sie uns Gott ins Herz schauen lässt.

Als Johann Hinrich Wichern 1839 den Adventskranz für seine »Burschen« im Rauhen Haus erfand, wollte er wohl, dass sie sich auf das große Fest der Weihnacht einstimmten – aber jeder Tag sollte ein bewusst erlebter sein.

Lassen Sie uns diese Haltung nachvollziehen, geben wir jedem der Adventssonntage sein eigenes Gewicht – hören wir, was seine Zahl uns sagt! Heute zum vierten, zum letzten Mal in dieser Adventszeit.

Sie kennen den alten Kinderreim:

Advent, Advent, ein Lichtlein brennt,
erst eins, dann zwei,
dann drei, dann vier,
dann steht das Christkind vor der Tür.

Heute sind wir beim **vierten** Licht.

(Alle vier Kerzen am Adventskranz werden entzündet.)

🎼 **Lied: Wir sagen euch an den lieben Advent ...
(EG 17,1-4)**

(Der Liturg, die Liturgin legt eine große Zahl 4 in die Mitte des Kreises zum Adventskranz, gegenüber der 3 der vergangenen Andacht, zwischen 1 und 2. Die Zahl kann aus Tonpapier ausgeschnitten, aus Holz ausgesägt, mit Steinen gelegt werden.)

Die **vierte** Kerze – die Zahl **Vier.**

Bitte nehmen Sie die Zahl wahr,
schmecken Sie sie auf der Zunge,
lassen Sie sich die Zahl durch den Kopf gehen,
lauschen Sie nach, was sie Ihnen sagt.
Welche Bilder und Gedanken kommen Ihnen bei der Zahl 4?
Halten wir ein paar Augenblicke Stille,
hören wir auf die Zahl 4!

(Stille)

Wer mag, äußert den einen oder anderen seiner Gedanken, teilt seine Bilder und Ideen mit uns!

(Austausch im Kreis)

🎼 **Lied: Wir sagen euch an den lieben Advent ... (EG 17,4)**

Groß ist die Zahl Vier –
eine umfassende Zahl!
Sie umfasst den Erdkreis
mit Norden, Osten, Süden, Westen,
die Elemente: mit Feuer, Wasser, Erde, Luft.
Vollkommen ist das Quadrat
mit vier gleichen Seiten und Winkeln;
der Jahreskreis schließt sich
mit Frühling, Sommer, Herbst und Winter.

Vom umfassenden Gott erzählt die Vier.
Ganz wunderbar ist er im 139. Psalm besungen:
»Führe ich gern Himmel, so bist du da.
Bettete ich mich bei den Toten,
siehe, so bist du auch da.
Nähme ich Flügel der Morgenröte
und bliebe am äußersten Meer,
so würde auch dort deine Hand mich führen
und deine Rechte mich halten.
...
Am Ende bin ich noch immer bei dir.«
(Psalm 139,8-10.18)

Gott ist: rundum,
Gott ist: unser Horizont, unsere Weite,
Gott ist der Kreis, in dem wir leben,
nur Gott ist unsere Grenze.
Und wir, du und ich,
und jedes Wesen, das er schuf,
ist im Zentrum seiner Aufmerksamkeit.

Ich höre darin vor allem das Bergende:

»Von allen Seiten umgibst du mich
und hältst deine Hand über mir!« (Psalm 139,5)
In welche Richtung ich auch gehe,
Nord, Ost, Süd oder West,
ich treffe immer auf Gott;
welcher Zeit ich auch verhaftet bin,
gestern, heute, morgen,
immer liegt sie in Gottes Hand;
wie viel Raum das Leben mir auch zugesteht,
in Höhe, Tiefe, Länge, Breite,
immer ist er angefüllt mit Gott.
Gott bei mir, Gott um mich,
und ich bei Gott, ich in Gott –
geborgen.
Was sollte uns da noch Furcht machen?
Was sollte uns da noch schaden können?

Aber wir fürchten uns doch,
und wir nehmen Schaden,
immer wieder.
Die Zeit, die Wunden heilen mag,
die schlägt sie auch,
die Wege, die wir gehen, kennen auch finstre Täler,
und manchmal scheint es,
als ginge ich sie allein,
ohne Gott,
und als sei ich im Raum meiner Welt
verlassen und verloren.

Darum umgibt Gott uns nicht nur,
will er nicht nur in unserer Umgebung sein,
darum kommt er in diesen Adventstagen,

darum kommt er zur Weihnacht und sagt:
Ich will bei dir sein,
ich bin der Gott an deiner Seite,
und:
»Siehe, ich bin bei dir, allezeit
und bis an die Enden deiner Welt.«
Amen

🎵 **Lied: Seht, die gute Zeit ist nah ... (EG 18,1+2)**

Bewahre uns, Gott, behüte uns, Gott,
sei mit uns auf unsern Wegen.
Sei Quelle und Brot in Wüstennot,
sei um uns mit deinem Segen.

Bewahre uns, Gott, behüte uns, Gott,
sei mit uns in allem Leiden.
Voll Wärme und Licht im Angesicht,
sei nahe in schweren Zeiten.

Bewahre uns, Gott, behüte uns, Gott,
sei mit uns durch deinen Segen.
Dein Heiliger Geist, der Leben verheißt,
sei um uns auf unsern Wegen.
(E. Eckert – siehe EG 171)

Beten wir miteinander, wie Jesus gebetet hat:

Vaterunser

Segen:

Gott umgibt dich – sei ruhig.

Gott trägt dich – sei getrost.

Gott ist dir nahe – sei mutig.

So segne und behüte dich der allumfassende Gott,
der Vater, der Sohn und der Heilige Geist.
Amen

(Der Liturg, die Liturgin lädt die Teilnehmenden ein, je nach Wunsch noch etwas im Kreis zu verharren, dabei still zu sein. Die Teilnehmenden erheben sich individuell und gehen still aus der Kirche.)

Leise Musik zum Ausklang

Muss das sein?

Christvesper
zum Heiligen Abend

Muss das sein?
Christvesper zum Heiligen Abend

Vorspiel instrumental

Votum – Amen

Begrüßung:
Sehr herzlich begrüße ich Sie und euch zu unserem Gottesdienst zum Heiligen Abend.

Es ist eine alte, wohlvertraute Geschichte, die wir an diesem Abend hören, wohlvertraut – und immer wieder neu, Jahr und Jahr neu zu erschließen.

Auch wenn sie alt ist, ist sie doch nicht veraltet, auch wenn sie Jahr um Jahr gehört wird, ist sie doch nicht zeitlos, sondern zeitnah – jeder Zeit, auch unserer Zeit nah.

Lassen wir uns überraschen von dem Gott, der kommt, um mitten unter uns zu sein!

 **Lied: Es ist ein Ros entsprungen ...** (EG 30,1–3)

Der Gott, der als ein Mensch geboren ist, hinein in unsere Welt, unser Gott, der sei mit euch – **und mit deinem Geist.**

Eingangsgebet im Wechsel:

Liturg:
Leuchtender Gott, wir sehen das Licht deiner Weihnacht,
wir fühlen die Wärme deiner Liebe,
wir hören das Lob deiner Engel – und staunen.

Gemeinde:
Gott rühre unsere Herzen an,
schließ uns auf für dein Licht, deine Wärme!

Ich steh an deiner Krippen hier,
o Jesu, du mein Leben;
ich komme, bring und schenke dir,
was du mir hast gegeben.
Nimm hin, es ist mein Geist und Sinn,
Herz, Seel und Mut, nimm alles hin
und lass dir's wohlgefallen. (EG 37,1)

Liturg:
Liebevoller Gott, du kommst zu uns,
du bleibst nicht fern,
sondern lässt dich bewegen
von dem, woran wir schwer tragen,
was unser Leben verdunkelt.

Gemeinde:
Gott, rühre unsere Herzen an,
schließ uns auf für dein Licht, deine Wärme.

Da ich noch nicht geboren war,
da bist du mir geboren

und hast mich dir zu eigen gar,
eh ich dich kannt, erkoren.
Eh ich durch deine Hand gemacht,
da hast du schon bei dir bedacht,
wie du mein wolltest werden. (EG 37,2)

Liturg:
Freundlicher Gott, du siehst uns aus der Krippe an,
du bist da, nicht mit Macht und Gewalt,
sondern in der Kraft der Liebe,
die so schwach scheint
und doch alles durchstrahlt.

Gemeinde:
Gott, rühre unsere Herzen an,
schließ uns auf für dein Licht, deine Wärme.

Ich sehe dich mit Freuden an
und kann mich nicht satt sehen;
und weil ich nun nichts weiter kann,
bleib ich anbetend stehen.
O dass mein Sinn ein Abgrund wär
und meine Seel ein weites Meer,
dass ich dich möchte fassen! (EG 37,4)

Liturg:
Lebendiger Gott, unscheinbar kommst du,
zur Nacht, in einen Stall,
und du füllst doch den ganzen Weltenraum
mit Hoffnung, mit Gesang.
Wir möchten einstimmen, Gott!

Gemeinde:
Gott, rühre unsere Herzen an,
schließ uns auf für dein Licht, deine Wärme.

Eins aber, hoff ich, wirst du mir,
mein Heiland, nicht versagen:
dass ich dich möge für und für
in, bei und an mir tragen.
So lass mich doch dein Kripplein sein;
komm, komm und lege bei mir ein
dich und all deine Freuden. (EG 37,9)

Meine Seele erhebt den Herrn,
und mein Geist freut sich Gottes, meines Heilandes;
denn er hat große Dinge an mir getan,
der da mächtig ist und dessen Name heilig ist.

Ehre sei dem Vater ...

Musik instrumental

Bitte beten Sie mit mir:
Gott, wenn wir Engel wären,
dann sängen wir so laut,
dass es im letzten Winkel der Welt noch zu hören wäre.
Gott, wenn wir Hirten wären,
dann ließen wir uns einladen,
dann zögen wir neugierig und eilend los.
Gott, wenn wir Josef wären,
dann wachten wir aufmerksam,
und trügen Sorge um Mutter und Kind.
Gott, wenn wir Maria wären,

dann lauschten wir auf jedes Wort
und verwahrten es in unseren Herzen.
Gott, wir sind nur wir selbst,
aber du hast uns zum Teil deiner Weihnachtsgeschichte
gemacht,
du nimmst uns in deine Liebe hinein.
Darum loben wir dich,
darum kommen wir eilends herbei;
darum achten wir auf alles, was geschieht,
darum bewegen wir dein Wort in den Herzen.
Wir bitten dich, Gott:
Rühre unsere Herzen an,
schließ uns auf für dein Licht, deine Wärme.
Leuchtender, liebevoller, freundlicher, lebendiger Gott –
erbarme dich!

Advents-Kyrie (EG 178.6)

Gott hört uns, und er schweigt nicht.
Und das ist es, was Gott uns zusagt:

Der Himmel freue sich und die Erde sei fröhlich,
denn Gott kommt und bringt die Erde zurecht.

Ehre sei Gott in der Höhe – **und auf Erden Fried ...**

🎼 **Lied: Vom Himmel hoch ... (EG 24,1–3.5.6)**

Muss das sein - Sprechstück zum Heiligen Abend

Für fünf Sprecherinnen und Sprecher (Engel, Hirte, Josef, Maria, Erzähler/-in) und Pfarrer/-in.

Die Sprechenden sind hell gekleidet, tragen in der Hand oder auf dem Arm ein Utensil, das sie in ihrer Rolle kenntlich macht:
Engel – Flügel, Hirte – Schaffell, Josef – Axt, Maria – Lilie. Das Jesuskind wird durch eine Krippe (mit noch nicht entzündeter Kerze darin) symbolisiert.
Die Sprechenden stehen im Halbkreis vor dem Altar, in der Mitte die Krippe. Es wird nur gelesen, nicht (wie im klassischen Krippenstück) gespielt!
Zuerst wenden die Sprechenden der Gemeinde den Rücken zu, nur Erzähler/-in steht etwas seitlich an einem Rednerpult, Ambo o.Ä., der Gemeinde zugewandt.

Szene 1: Lesung Lukas 2,1-20

Erzähler/-in: Es begab sich aber zu der Zeit, dass ein Gebot von dem Kaiser Augustus ausging, dass alle Welt geschätzt würde.
Und diese Schätzung war die allererste und geschah zur Zeit, da Quirinius Statthalter in Syrien war.
Und jedermann ging, dass er sich schätzen ließe, ein jeder in seine Stadt.

Josef: Da machte sich auf auch Josef aus Galiläa, aus der Stadt Nazareth, in das jüdische

Land zur Stadt Davids, die da heißt Bethlehem, weil er aus dem Hause und Geschlechte Davids war, damit er sich schätzen ließe mit Maria, seinem vertrauten Weibe.

Maria: Die war schwanger. Und als sie dort waren, kam die Zeit, dass sie gebären sollte. Und sie gebar ihren ersten Sohn und wickelte ihn in Windeln und legte ihn in eine Krippe.

Josef: Denn sie hatten sonst keinen Raum in der Herberge.

Hirte: Und es waren Hirten in derselben Gegend auf dem Felde bei den Hürden, die hüteten des Nachts ihre Herde.

Engel: Und der Engel des Herrn trat zu ihnen.

Hirte: Und die Klarheit des Herrn leuchtete um sie; und sie fürchteten sich sehr.

Engel: Und der Engel sprach zu ihnen: Fürchtet euch nicht! Siehe, ich verkündige euch große Freude, die allem Volk widerfahren wird; denn euch ist heute der Heiland geboren, welcher ist Christus, der Herr, in der Stadt Davids. Und das habt zum Zeichen: Ihr werdet finden das Kind in Windeln gewickelt und in einer Krippe liegen.

Erzähler/-in: Und alsbald war da bei dem Engel die Menge der himmlischen Heerscharen, die lobten Gott und sprachen:

Engel:	Ehre sei Gott in der Höhe und Friede auf Erden und den Menschen ein Wohlgefallen.
Hirte:	Und als die Engel von ihnen gen Himmel fuhren, sprachen die Hirten untereinander: Lasst uns nun gehen nach Bethlehem und die Geschichte sehen, die da geschehen ist, die uns der Herr kundgetan hat.
Josef:	Und sie kamen eilend und fanden beide, Maria und Josef, dazu das Kind in der Krippe liegen.
Hirte:	Als sie es aber gesehen hatten, breiteten sie das Wort aus, das zu ihnen von diesem Kinde gesagt war. Und alle, vor die es kam, wunderten sich über das, was ihnen die Hirten gesagt hatten.
Maria:	Maria aber behielt alle diese Worte und bewegte sie in ihrem Herzen.
Hirte:	Und die Hirten kehrten wieder um, priesen und lobten Gott für alles, was sie gehört und gesehen hatten, wie denn zu ihnen gesagt war.

(Kurze Sprechpause, die Sprechenden wenden sich einander zu, sodass sich Maria und Josef, Engel und Hirte gegenüberstehen [Profil zur Gemeinde]. Erzähler/-in bleibt am Rednerpult.)

Szene 2:

Erzähler/-in: Liebe Weihnachtsgäste – es darf vorausgesetzt werden, dass Ihnen die Handlung vertraut ist. Eben haben wir die gute alte Geschichte wieder gehört. Überraschungen gibt es keine, nicht am Heiligen Abend – und in der Regel werden Überraschungen auch nicht gewünscht. Nicht in allen Fällen, aber ab und zu ist das Gewohnte auch das Hilfreich-Verlässliche, das Bewährte. Dabei mag es bleiben! Dabei soll es heute auch bleiben. Hier wird nichts neu erzählt, allein die Perspektive verschiebt sich ein wenig. Es darf also vorausgesetzt werden, dass Sie die Handlung kennen – und die Handelnden auch.

Das hier ist das Personal:

Da haben wir Jesus, das Krippenkind, den Engel der Weihnacht, einen Hirten vom Feld, Maria, die ihren ersten Sohn gebar, und Josef, der über Mutter und Kind wacht. So, die brauchen wir, sonst ist nicht Heilige Nacht. Die brauchen wir – und noch etwas: eine Frage.

Engel: Muss das sein?

Mein Name ist Gabriel, Engel von Beruf. Ich bin der Verkündiger, ich habe etwas auszurichten; und ich habe zu loben, Gott zu loben. Darauf verstehen wir uns, wir

Engel. Wir sind Lob- und Preissänger vor dem Herrn! Wir schauen nach oben, in der Regel, ins Licht, in Gottes strahlendes Antlitz, nicht nach unten, in die Niederungen des Daseins, das geschaffen wurde, nachdem es uns schon längst gab. Ich wende mich von der Dunkelheit ab, ich bin eine Lichtgestalt.
Und ich frage: Muss das sein?

Hirte: Muss das sein?
Ich heiße Simon, Joel, Ruben oder sonstwie, für unsere Namen interessiert sich die Geschichte nicht sonderlich – mehr für unsere Profession. Ich bin Hirte, Schaf- und Ziegenhirt, einer von den kleinen Leuten. Die braucht man, aber die kennt man nicht. Freude macht er mir nicht, mein Beruf – aber von irgendetwas muss der Mensch doch leben!
Ich lebe, mehr schlecht als recht, und ich frage: Muss das sein?

Josef: Muss das sein?
Josef mein Name, Zimmermann bin ich – und ein angesehener dazu. Die Leute sind dankbar für die Balken, die ich ziehe, für die Häuser, die ich baue. Sie verlassen sich auf mein Handwerk. Jetzt bin ich Vater – noch eine Verantwortung, eine große. Ich hab sie mir nicht ausgesucht, ich hätte gerne noch gewartet. Aber so spielt das Leben nicht. Ich muss es nehmen, wie es ist. Im-

merhin: Ich bin Vater, ich hab einen Sohn. Und ich frage: Muss das sein?

Maria: Muss das sein?
Ich heiße Maria, die meisten kennen mich. Ich bin nicht gefragt worden, ob ich bekannt sein will, ich bin nicht gefragt worden, ob ich Mutter werden möchte. Jetzt bin ich Mutter geworden – mein Herz ist schwer. So jung, wie ich bin, weiß ich nun, wie Schmerz schmeckt, wie Verzweiflung drückt, wie Angst den Atem abschnürt. Ich bin eine ängstliche Mutter.
Und ich frage: Muss das sein?

Josef: Gefährlich ist es hier; wer hilft mir, meine Verantwortung zu tragen?

Hirte: Kalt ist es hier. Gibt es einen, der unsere Sehnsucht nach Wärme hört?

Engel: Dunkel ist es hier; was hat Gott damit zu schaffen?

Maria: Beängstigend ist es hier; gibt es einen, der mir Mut macht?

Engel: Muss das sein?
Muss das sein, dass ich meinen Himmel verlasse? Mein Licht, meinen Glanz, die Ruhe vor Gottes Angesicht? Hier ist es kalt, Rauch steht über dem Stall. Muss das sein, dass ich Menschenduft rieche, schweißnasse Männer und feuchte Felle, Feuer und beißenden Rauch? Wir haben es doch gut dort oben, jenseits der Zeit, weit fort von

den Schmerzen. Was soll ich hier?

Hirte: Muss das sein?
Muss es sein, dass ein Engel uns aus dem Schlaf reißt, uns blendet in dunkelster Nacht? Warum nimmt er keine Rücksicht auf unsere müden Glieder, auf die kraftlosen Hände und erschöpften Herzen? Wann hätten wir je einen Engel gebraucht? Wir haben gelernt, auf unsere Arme zu vertrauen – und auf Flügel besser nicht. Engel – du kommst zu spät! Was hast du hier noch verloren? Musst du uns aufschrecken?

Josef: Muss das sein?
Muss es sein, dass wir hier gestört werden? Der Stall ist elend genug, braucht das Unglück auch noch Zeugen? Es war schwer, diese Hütte zu finden, wir haben es gerade noch geschafft bis zur Niederkunft. Maria ist am Ende, sie kann nicht mehr, sie hat Schmerzen. Und der Sohn braucht seinen Schlaf. Muss denn alle Welt Anteil nehmen? Was sollen die Engelsgesänge, was soll das Hirtengeraune, wenn doch keiner hilft?

Maria: Muss das sein?
Muss das sein, dass mein kleiner Sohn so viel Aufmerksamkeit erregt? Engel, du legst ihm die Last der Welt auf die Schultern – soll er kein Kind sein dürfen? Muss dieser Schatten sein, der auf ihm liegt,

soll er zerbrechen? Hirte, du machst seine Träume schwer mit deinen Träumen.
Lasst ihn doch in Frieden, wenn er den Frieden bringen soll! Oder soll ich am Ende noch weinen müssen?

Engel: Muss das sein, dass ich hier die große Freude verkünde – und meine Gottesfreude dafür verlassen muss?

Hirte: Muss das sein, dass wir aufbrechen vom Feld und doch nur eines anderen Armut zu sehen bekommen?

Maria: Muss das sein, dass mein Neugeborenes, mein Herzenskind, nicht für sich sein darf, dass es nicht sich selbst gehört?

Hirte: Ich bin enttäuscht, so viel Engelslärm um nichts!

Maria: Ich bin voller Sorge und fürchte die Tage, die kommen!

Josef: Ich bin verärgert, da wir doch nur auf uns selbst gestellt sind!

Engel: Ich bin unzufrieden, hier gehöre ich nicht her!

Erzähler/-in: Muss das sein?
Muss Weihnachten sein? Mit lauten Engeln, neugierigen Hirten, mit einem zornigen Josef und einer erschöpften Maria. Braucht es die Heilige Nacht?
Vielleicht fragen wir die Hauptperson, fragen wir den, der heute geboren wurde.
Fragen wir Jesus, das Krippenkind!

(Schweigen. Die Sprecher/innen schauen auf die Krippe. Nach ein paar Sekunden entzündet der Erzähler darin eine Kerze. Die Sprechenden wenden sich der Gemeinde zu.)

Szene 3:

Pfarrer/-in: *(von der Kanzel)* Fragen wir Jesus – aber der schweigt.
Wir fragen: Muss Weihnachten sein? Aber der Neugeborene bleibt still. Er bleibt still – nicht nur, weil von einem Neugeborenen schlechterdings nicht erwartet werden kann, dass er Antworten gibt. Er schweigt, weil wir nicht nur hören sollen, sondern auch: schauen.
Schauen wir Jesus an, das Kind in der Krippe, den Jugendlichen im Tempel, den Mann am Jordan, auf dem Weg durch Galiläa nach Jerusalem, den Verachteten am Kreuz und den Auferstandenen am Ostermorgen.
Schauen wir Jesus an, denn Gott gibt als Antwort keinen Satz, keine Lehre, kein Lied, sondern einen Menschensohn, ein Menschenleben. Ein Leben, das durchhaucht ist von Gottes Liebe, das etwas widerspiegelt von Gottes Zuwendung.
Ja, es muss sein, wir brauchen Liebe, wir brauchen einen Gott, der mit uns auf unseren Wegen geht. Es braucht die Weihnacht, damit wir nicht alleine sind.

Engel: Darum muss ein Engel seine leuchtenden

Himmel verlassen, auch wenn es ihm nicht gefällt. Zum Zeichen, dass Gott bei seinen Menschen sein will.

Hirte: Darum müssen Hirten aufgeschreckt werden und zur Krippe gehen. Zum Zeichen, dass Menschen nicht zurückgeworfen sind auf sich selbst und da ein Gott ist, der die Mühe teilt.

Josef: Darum müssen Menschen Anteil nehmen, darum gehört das Krippenkind niemandem allein. Zum Zeichen, dass alle gemeint sind, Mensch und Schöpfung, allesamt.

Maria: Darum legt sich ein Schatten auf die Krippe, darum ist schon heute der Schmerz zu ahnen und das Kreuz. Zum Zeichen, dass Gott mit uns teilt, was uns zu schwer ist, und dass er trägt, was wir nicht ertragen.

Erzähler/-in: Muss das sein?
Ja, die Heilige Nacht muss sein. Damit wir wirklich »große Freude« haben, »Friede auf Erden«, damit den »Menschen ein Wohlgefallen« zuteil wird.

(alle ab)

🎼 **Lied: Fröhlich soll mein Herz springen ... (EG 36,1.2.5.6)**

Ansprache: Muss das sein?

Die Frage klingt durchaus etwas unwirsch: Muss das sein? Und Engel und Hirte, Maria und Josef waren nicht ganz ohne

Unwillen, als sie uns diese Frage eben gerade vorgelegt haben. Muss das sein? Mancher mag sich ärgern, dass diese Frage zur Weihnacht überhaupt gestellt werden soll. Muss das sein, die Weihnacht schlechtzureden, uns diesen Abend mies zu machen mit einer unwirschen Frage?

Es muss wohl sein, weil die Bibel selber so fragt. Durch das Matthäusevangelium zieht sich das Motiv dieser Frage; Matthäus greift sie immer wieder auf und erläutert: Ja, das muss sein, weil Gott es so versprochen hat, weil die Propheten es im Namen Gottes verheißen haben.

Muss Weihnachten sein? Ja, es muss, weil Gott sich an sein Wort bindet, weil Gott seine Menschen, seine Schöpfung liebt, und weil er versprochen hat, sie nicht in Finsternis zu belassen. »Das Volk, das im Finstern wandelt, sieht ein großes Licht, und über denen, die da wohnen im finstern Lande, scheint es hell.« So lautet Gottes Versprechen, und daran bindet er sich. Ja, es muss sein – damit Menschen im Geburtsland Jesu, in Palästina, lernen, einander versöhnlich die Hände zu reichen, damit Juden, Muslime und Christen nach Frieden suchen. Es muss sein, damit die Flüchtlinge in und um Syrien und die Flüchtlinge auf dem Meer Menschen begegnen, die sich Schicksale zu Herzen gehen lassen. Es muss sein, damit die Einsamen in unserer Nachbarschaft Freunde finden, missachtete Kinder Schutz und Schwermütige Ermutigung. Es muss sein, damit Familien nicht im Streit verharren und damit jedes Menschen Sehnsucht nach Liebe Antwort bekommt.

Darum ist Gott Mensch geworden, darum schaut uns ein Menschenkind aus der Krippe an, in dem Gott gegenwärtig ist. Das muss sein, weil wir Frieden, Versöhnung, Liebe, Ermutigung brauchen, weil wir sie brauchen, um Menschen zu sein, deren Leben gelingt, die zur Liebe fähig sind, die Verantwortung tragen. Gott weiß, dass wir das brauchen, und darum hat er nicht gezögert, darum kehrt er ein in unsere Welt und Zeit. Das muss er, weil er liebt; das muss er, weil er Gott ist, der menschenfreundliche, der liebende Gott.

Weihnachten muss sein – und selbst wenn wir es nicht wichtig fänden, Gott bleibt sich treu und lässt Weihnacht werden, heute und jeden Tag. Weil wir es brauchen, weil wir ihn brauchen. Da ist Gott sich treu – und uns ist er auch treu. Nun müssen wir es nur noch gelten lassen, unserer Sehnsucht Raum geben, Weihnachten erwarten und willkommen heißen. Tun wir das – und nicht nur, weil es sein muss, sondern weil sich ein Glanz auf unsere Tage legt, der uns hoffen und leben und lieben lehrt. Amen

🎼 **Lied: O du fröhliche ...** (EG 44,1–3)

Bitte lassen Sie uns miteinander beten:
Ja, Gott, unser Gott – es muss schon sein,
es muss sein, dass du kommst
und unsere Nächte erhellst.
So fürchten wir uns nicht mehr, weil wir wissen:

Dies ist die Nacht, da mir erschienen
des großen Gottes Freundlichkeit;
das Kind, dem alle Engel dienen,
bringt Licht in meine Dunkelheit.
(EG 40,1 – nur die ersten beiden Zeilen)

Ja, Gott, unser Gott – es muss schon sein,
es muss sein, dass du kommst
und deiner Erde Hoffnung gibst,
dann arbeiten wir mutig an ihrer Bewahrung.
Wir haben Hoffnung, weil wir wissen:

Dies ist die Nacht ... (EG 40,1 – dto.)

Ja, Gott, unser Gott – es muss schon sein,
es muss sein, dass du kommst
und Frieden bringst,
denn die Welt liegt im Krieg und Menschen sehnen sich
nach Frieden.
Wir sind zuversichtlich, denn wir wissen:

Dies ist die Nacht ... (EG 40,1 – dto.)

Ja, Gott, unser Gott – es muss schon sein,
es muss sein, dass du kommst
und dein Land besuchst,
denn in Palästina herrschen Angst und Unterdrückung.
Wir glauben an Versöhnung, indem wir wissen:

Dies ist die Nacht ... (EG 40,1 – dto.)

Ja, Gott, unser Gott – es muss schon sein,
es muss sein, dass du kommst
und die Armen zu dir rufst,
denn Hunger bedrängt viele Millionen.
Wir helfen, wo wir können, weil wir wissen:

Dies ist die Nacht ... (EG 40,1 – dto.)

Ja, Gott, unser Gott – es muss schon sein,
es muss sein, dass du kommst
und allem Leben eine Zukunft gibst,
denn deine Schöpfung sehnt sich nach Erlösung.
Wir sind mutig, denn wir wissen:

Dies ist die Nacht ... (EG 40,1 – dto.)

Ja, Gott, unser Gott – es muss sein,
es muss sein, dass du kommst
und uns die Herzen anrührst,
sodass wir geborgen sind.
Wir spüren deine Liebe und wissen:

Dies ist die Nacht ... (EG 40,1 – dto.)

Beten wir miteinander, wie Jesus gebetet hat:

Vaterunser

Segen:
   Gott ist da und strahlt dich an;
   Gott ist da und hüllt dich in Licht;
   Gott ist da und ein Glanz legt sich in deine Zeit.

So segnet und behütet dich Gott,
der Liebevolle und Lebendige,
der Vater, der Sohn und der Heilige Geist.
Amen

🎼 **Lied: Stille Nacht ...** (EG 46,1–3)

Nachspiel instrumental

Durch ein' Dornwald

Christmette zur Heiligen Nacht

Durch ein' Dornwald.
Christmette zur Heiligen Nacht

Orgelvorspiel

Mache dich auf und werde licht, denn dein Licht kommt,
und die Herrlichkeit des Herrn geht auf über dir.
Denn siehe, Finsternis bedeckt das Erdreich
und Dunkel die Völker,
aber über dir geht auf der Herr,
und seine Herrlichkeit erscheint über dir!

Begrüßung:

Weihnachtlich freudig und wie aufgeweckte Hirten neugierig begrüß ich Sie zur meditativen Feier zur Heiligen Nacht, in der wir uns still und aufmerksam in das wundersame Geschehen der Geburt Christi hineinnehmen lassen.

»Durch ein' Dornwald« ist das Motto dieser Feier, das an ein altes Lied erinnert. In dieser Nacht ist es Maria, die uns an der Hand nimmt, mit der wir zur Krippe gehen, Maria, die junge Frau, Maria, die Mutter Jesu.

Feiern wir die Heilige Nacht miteinander.

Votum – Amen

♪ **Lied: Zu Bethlehem geboren ...** (EG 32,1–3)

Als der Engel Maria besuchte und ihr die Botschaft brachte,
die ihr Leben ins Licht tauchte,
die Botschaft, sie solle dem das Leben schenken,
der der Welt das Leben bringt,
da sang Maria ihr Lied:
Magnificat – Meine Seele erhebt den Herrn.

Beten wir und singen wir Marias Lied:

**Magnificat, magnificat,
magnificat anima mea Dominum.
Magnificat, magnificat,
magnificat anima mea.** (EG Baden 622)

*Meine Seele erhebt den Herrn,
und mein Geist freut sich Gottes, meines Heilandes;
    denn er hat die Niedrigkeit seiner Magd angesehen.
Siehe, von nun an werden mich selig preisen
alle Kindeskinder.
Denn er hat große Dinge an mir getan,
der da mächtig ist und dessen Name heilig ist.
    Und seine Barmherzigkeit währt
    von Geschlecht zu Geschlecht
    bei denen, die ihn achten.*

Magnificat ... (EG Baden 622)

*Er wirkt mit seinem Arm
und zerstreut, die hoffärtig sind in ihres Herzens Sinn.
    Er stößt die Gewaltigen vom Thron
    und erhebt die Niedrigen.
Die Hungrigen füllt er mit Gütern*

und lässt die Reichen leer ausgehen.
Er gedenkt der Barmherzigkeit
und hilft seinem Diener Israel auf,
wie er geredet hat zu unseren Vätern,
Abraham und seinen Kindern in Ewigkeit.

Magnificat ... (EG Baden 622)

Meine Augen haben deinen Heiland gesehen!

Ehre sei dem Vater ...

Meine Seele, meine Seele freut sich an dir,
weil du sie angerührt hast.
Mit einem Flüstern, einem Hauch in der Nacht,
und mit deiner Wärme hast du mich berührt.
Nun tu ich mein Herz auf, Gott,
und lass dich ein.
Nimm Wohnung in mir
und teile deine Liebe mit mir, deine Lebendigkeit.
Erhelle mich, Gott, dass ich zu strahlen beginne.
Amen

Leise Orgelmusik

📖 Lesung: Lukas 2,7-14.19

Und Maria gebar ihren ersten Sohn und wickelte ihn in Windeln und legte ihn in eine Krippe; denn sie hatten sonst keinen Raum in der Herberge.
Und es waren Hirten in derselben Gegend auf dem Felde bei

den Hürden, die hüteten des Nachts ihre Herde.

Und der Engel des Herrn trat zu ihnen und sie fürchteten sich sehr.

Und der Engel sprach zu ihnen: Fürchtet euch nicht! Siehe, ich verkündige euch große Freude, die allem Volk widerfahren wird;

denn euch ist heute der Heiland geboren, welcher ist Christus, der Herr, in der Stadt Davids.

Und das habt zum Zeichen: Ihr werdet finden das Kind in Windeln gewickelt und in einer Krippe liegen.

Und alsbald war da bei dem Engel die Menge der himmlischen Heerscharen, die lobten Gott und sprachen:

»Ehre sei Gott in der Höhe und Friede auf Erden und den Menschen ein Wohlgefallen.«

Maria aber behielt alle diese Worte und bewegte sie in ihrem Herzen.

Leise Orgelmusik

Bertolt Brecht, Maria

Die Nacht ihrer ersten Geburt war
Kalt gewesen. In späteren Jahren aber
Vergaß sie gänzlich
Den Frost in den Kummerbalken und rauchenden Ofen
Und das Würgen der Nachgeburt gegen Morgen zu.
Aber vor allem vergaß sie die bittere Scham
Nicht allein zu sein
Die den Armen eigen ist.
Hauptsächlich deshalb
Ward es in späteren Jahren zum Fest, bei dem
Alles dabei war.
Das rohe Geschwätz der Hirten verstummte.

Später wurden aus ihnen Könige in der Geschichte.
Der Wind, der sehr kalt war
Wurde zum Engelsgesang.
Ja, von dem Loch im Dach, das den Frost einließ, blieb nur
Der Stern, der hineinsah.
Alles dies
Kam vom Gesicht ihres Sohnes, der leicht war
Gesang liebte
Arme zu sich lud
Und die Gewohnheit hatte, unter Königen zu leben
Und einen Stern über sich zu sehen zur Nachtzeit.
(aus: Bertolt Brecht, Werke. Große kommentierte Berliner und Frankfurter Ausgabe, Band 13: Gedichte 3. © Bertolt-Brecht-Erben / Suhrkamp Verlag 1993)

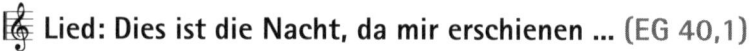 **Lied: Dies ist die Nacht, da mir erschienen ...** (EG 40,1)

Meditation: Durch ein' Dornwald

Maria, Mutter Jesu, die junge Frau, Maria – die erste Hauptperson in der Weihnachtsgeschichte. Ohne Maria kein Jesuskind. Ohne Marias Gehör, das auf Engel zu lauschen vermag, ohne Marias Augen, die weit schauen können und nicht nur das Offensichtliche beachten, ohne Marias Herz, das zu Wagnissen den Mut hat, das das Unausdenkliche für möglich hält – ohne Maria kein Christkind.
Wer ist Maria?

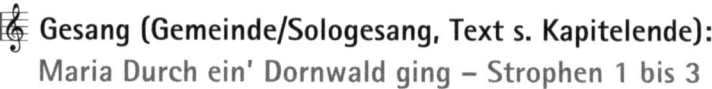 **Gesang (Gemeinde/Sologesang, Text s. Kapitelende):**
Maria Durch ein' Dornwald ging – Strophen 1 bis 3

Wer ist Maria?

Ihre Überhöhung als Mutter Gottes, als die reine Magd, als die Gehorsame, die verstellt uns den Blick auf die junge jüdische Frau – ein Mädchen eher noch, nach unseren Maßstäben. Von Schwangerschaft und Geburt abgesehen, erzählt die Bibel nicht viel von ihr, am Ende steht sie unter dem Kreuz ihres Sohnes, wie sie an seiner Krippe stand, schon damals gewiss von Angst erfüllt, Angst um den Kleinen, Angst um den Sohn, dessen Zukunft so ungewiss ist, dessen Leben so gefährdet beginnt. Die Nacht ist kalt, der Säugling ist schwach, unwirtlich die Welt. Wenige Wochen nach der Geburt beginnt der Kindermord zu Bethlehem, da ist Maria schon auf der Flucht mit Mann und Kind, Jahre später erst sieht sie die Heimat wieder.

»Dornwald« – durch einen Dornwald gehen, Schmerz und Angst erfahren, ungewiss zu leben, auf gut Glück und Hoffnung. Dornwald – Maria kann ein Lied davon singen!

🎼 **Gesang: Maria ... Strophe 1**

Der Dornwald im Marienlied, der hat, so heißt es: »in sieben Jahr kein Laub getragen«. Sieben, die Symbolzahl weist ins Unendliche – unfruchtbar ist der Wald, seit langer Zeit, ohne Blüte, ohne Frucht, Dürre herrscht seit Menschengedenken. Gedenk ich, bedenk ich's recht, dann sind wir Menschen Dornwaldbewohner immer wieder; dann gehen wir durch Zeiten ohne Blüte und Frucht und reißen uns an den Dornen die Haut. Dann gehen wir, ohne Wasser und Brot, ohne Licht und Glück – und wer sich im Dornwald verirrt, kann umkommen darin.
Maria ist auf demselben Weg, die Frau teilt das Menschenschicksal, kennt die Unwirtlichkeit eines Menschen-

lebens. Maria könnte auch verloren gehen, Maria könnte an der Last zerbrechen.

Aber Maria trägt eine besondere Last!

🎼 **Gesang: Maria ... Strophe 2**

Was trug Maria unter ihrem Herzen? Ein Kindlein. Maria war, wie's im Volksmund richtig und treffend und zukunftsweisend heißt, Maria war »guter Hoffnung«. Und da wagt sie sich, mit all der Kraft, die einer schwangeren Frau zur Verfügung steht, in den Dornwald. Sie scheut die Dornen nicht, nicht die Finsternis zwischen den Bäumen und nicht die Gefahr, fehlzugehen, auf den Holzweg zu geraten. Maria, die junge, mutige Frau, Maria, die beherzte, unter ihrem Herzen das Kind. Jesuskind. Überraschend die Wendung: »ohne Schmerzen« – »Ein kleines Kindlein ohne Schmerzen, das trug Maria«. War das Kind ohne Schmerzen? Aber es ist der Schmerzensmann, der da geboren wird, in der ersten Nacht schon gesellt sich der Schatten des Kreuzes neben den Stern, über Krippe und Stall. Kein Mensch ist ohne Schmerzen, und wird Gott Mensch, dann ist auch kein Gott mehr ohne Schmerzen. Oder ist es Maria, von der gesungen wird, dass sie ohne Weh sei? Wehen ohne Schmerz?

🎼 **Gesang: Maria ... Strophe 2**

Ohne Schmerzen. Erstaunlich. Oder menschlich. Denn das kennen wir auch, dass der Schmerz vor der Liebe verblasst, dass das Weh, so groß es gewesen sein mag, fast schon nicht mehr im Gedächtnis ist, wenn sich ein schwer erkaufter Traum erfüllt, wenn eine schmerzlich gehegte Sehnsucht Antwort findet, wenn die Liebe zu sich selbst kommt.

Liebe – ist da von Liebe die Rede, wird von der Liebe gesungen?

🎼 Gesang: Maria … Strophe 3

Zunächst – das geschieht, wenn die Liebe fruchtbar wird: Im Dornenwald erblühen Rosen. Aus ist's mit Dürre und Todverfallenheit, mit Dornen und Schmerz. Rosen entfalten sich, glänzen durch das Holz, verströmen ihren Duft und erfüllen die Welt mit Herrlichkeit. Maria, die guter Hoffnung ist, erfährt es, da sie niederkommt mit ihrem Sohn, erfährt, dass Gott hernieder kommt und seine Welt verwandelt, aus Dornengestrüpp in einen Rosengarten, aus dem toten Holz in einen grünen, lebendigen Wald. Das geschieht, wenn Liebe fruchtbar wird.

🎼 Gesang: Maria … Strophe 1+3

Liebe – ist da von der Liebe die Rede? In drei Worten nur, drei Menschenworten: »Jesus und Maria«.

»Jesus und Maria« – die Menschenmutter, die ihr Kindlein liebt, der Menschensohn, der kommt, damit Menschen erfahren, dass Gott sie liebt. In der Liebe der beiden, in der Liebe von Mutter und Sohn, spiegelt sich die Liebe dessen, der wie Vater und Mutter für uns ist, spiegelt sich die Gottesmenschenliebe – spiegelt sich und strahlt, glänzt durch die Nacht und macht aus Dornwald Rosenhag. Jesus und Maria – Gott und ich – Gott und du – Gott und wir.

Und seien es sieben Jahre, zehn oder tausend, dass der Dornwald kein Laub trägt und keine Hoffnung sich regt – sie gehen hindurch, Jesus und Maria, er geht hindurch, der liebende Gott. Und dann ist Rosenzeit.

Woher hatte sie diese Kraft, Maria, die gefährdete Mutter, die junge, verletzliche Frau? Woher den Mut für Dornwaldwege, woher die Hoffnung, guter Hoffnung zu sein?

🎼 **Gesang: Maria ... Strophe 1**

Kyrie eleison – daher hatte Maria ihren Mut, darum war sie guter Hoffnung. Kyrie eleison – das ist der alte Ruf: »Herr, erbarme dich.« Erbarmen aber das andere Wort für »nahe sein« – Gott, sei mir nahe, kehr in meine Armut ein, komm in meinen Dornwald. Maria hat sich aufgetan, Maria hat Gott herbeigesehnt. Mehr braucht es nicht: Sehnsucht nach Gott, das Verlangen nach Hoffnung und Rosen. Mehr braucht es nicht, als sich Gott ins Herz zu wünschen.

Und dort – ist er doch schon. Seit der Weihnacht ist er in unseren Dornwäldern daheim. Seit der Weihnacht können wir mutig und guter Hoffnung sein. Die Dornen werden Rosen tragen, da leuchtet schon ein kleiner roter Glanz durch die Nacht, da zieht schon ein Hauch von Rosenduft durch die Dunkelheit, da hör ich schon einen Engel singen: Kyrie eleison – Jesus und Maria.

🎼 **Gesang: Maria ... Strophe 2+3**

Bitte lassen Sie uns beten:

Gott unserer Tage und Nächte,
in dieser Nacht bist du Mensch geworden,

klein und zerbrechlich
wie Menschen sind,
voller Sehnsucht im Herzen und voller Hoffnung,
wie wir uns sehnen
und wie wir träumen von Licht und Glück.
Mensch bist du geworden,
ein Mensch,
der Schmerzen fühlt,
der Tränen weint,
der die Wunden kennt und den Schweiß.
Ein Mensch,
der lacht und singt,
der die Wärme genießt,
der Freunde sucht und lieben lernt.
Gerade so, Gott,
wie wir selber weinen und lachen,
singen und verstummen,
wie wir Mühe haben und lieben.
Ein Mensch bist du geworden in Christus –
aus seinen Augen schaust du uns an.
Gib uns, menschenfreundlicher Gott,
gib uns Augen für dich!
Amen

Beten wir miteinander, wie Jesus gebetet hat:

Vaterunser

🎼 **Lied: Ich steh an deiner Krippen hier ... (EG 37,1)**

Gott, der da hieß das Licht
aus der Finsternis hervorleuchten,

der gebe einen hellen Schein in dein Herz,
der erleuchte deinen Weg,
der wärme deine Seele.
Amen

🎼 **Lied: Stille Nacht ...** (EG 46,1–3)

Orgelmusik zum Ausgang

Maria durch ein' Dornwald ging. Volkslied

1. Maria durch ein' Dornwald ging.
Kyrieleison!
Maria durch ein' Dornwald ging,
der hatte in sieben Jahr'n kein Laub getragen!
Jesus und Maria.

2. Was trug Maria unterm Herzen?
Kyrieleison!
Ein kleines Kindlein ohne Schmerzen,
das trug Maria unter ihrem Herzen.
Jesus und Maria.

3. Da haben die Dornen Rosen getrag'n;
Kyrieleison!
Als das Kindlein durch den Wald getragen,
da haben die Dornen Rosen getragen!
Jesus und Maria.

*(Melodie, siehe z.B.: www.lieder-archiv.de/maria_durch_*
ein_dornwald_ging-notenblatt_200046.html)

Kindskopf
Meditative Feier
zur Heiligen Nacht

Kindskopf.
Meditative Feier
zur Heiligen Nacht

Orgelvorspiel

🎼 **Lied: O du fröhliche ...** (EG 44,1-3)

Da alles still war und ruhte und da eben recht Mitternacht war, da kam dein Wort herab vom Himmel in deine Welt.

Votum – Amen

Dies ist die Nacht, da mir erschienen
des großen Gottes Freundlichkeit;
das Kind, dem alle Engel dienen,
bringt Licht in meine Dunkelheit.

Er kommt als ein Kind. Klar, als ein Kind, als Christkind, Krippenkind, holder Knabe im lockigen Haar. Das kennen wir, von Kindesbeinen an, das sind wir gewohnt. Wir sehen das Kind und lächeln, weil es uns vertraut ist.
Lassen Sie uns, im Licht dieser Nacht, unter dem Stern, der den Weg zum Kinde weist, lassen Sie uns heute Abend ein wenig staunen über das Kind, das wundervolle, wundersame Gotteskind, das die Welt zum Blühen bringt.

🎼 **Lied: Zu Bethlehem geboren ...** (EG 32,1.2)

Als Maria, die Mutter, hörte, dass sie schwanger werden
würde, dass sie ein Kind gebären sollte,
da sang sie ein großes Lied: das Magnificat.

**Bitte lassen Sie uns einstimmen und im Wechsel beten.
Die Strophen des Liedes»Dies ist die Nacht, da mir erschienen« spreche ich in Marias Lied hinein.**

Liturg/Gemeinde im Wechsel:
*Meine Seele erhebt den Herrn,
und mein Geist freut sich Gottes, meines Heilandes;
denn er hat die Niedrigkeit seiner Magd angesehen.
Siehe, von nun an werden mich selig preisen
alle Kindeskinder.*

Liturg:
*Dies ist die Nacht, da mir erschienen
des großen Gottes Freundlichkeit;
das Kind, dem alle Engel dienen,
bringt Licht in meine Dunkelheit,
und dieses Welt- und Himmelslicht
weicht hunderttausend Sonnen nicht.*

Liturg/Gemeinde im Wechsel:
*Denn er hat große Dinge an mir getan,
der da mächtig ist und dessen Name heilig ist.
Und seine Barmherzigkeit währt
von Geschlecht zu Geschlecht
bei denen, die ihn achten.*

Liturg:
Lass dich erleuchten, meine Seele,

versäume nicht den Gnadenschein;
der Glanz in dieser kleinen Höhle
streckt sich in alle Welt hinein;
er treibet weg der Höllen Macht,
der Sünden und des Kreuzes Nacht.

Liturg/Gemeinde im Wechsel:
Er ist mächtig mit seinem Arm
und zerstreut, die allzu hoffärtig sind
in ihres Herzens Sinn.
   Er stößt die Gewaltigen vom Thron
   und erhebt die Niedrigen.

Liturg:
Drum, Jesu, schöne Weihnachtssonne,
bestrahle mich mit deiner Gunst;
dein Licht sei meine Weihnachtswonne
und lehre mich die Weihnachtskunst,
wie ich im Lichte wandeln soll
und sei des Weihnachtsglanzes voll.

Liturg/Gemeinde im Wechsel:
Die Hungrigen füllt er mit Gütern
und lässt die Reichen leer ausgehen.
   Er gedenkt der Barmherzigkeit
   und hilft seinem Diener Israel auf,
wie er geredet hat zu unseren Vätern,
Abraham und seinen Kindern in Ewigkeit.

Ehre sei dem Vater ...

Unfassbar, Gott, unfassbar,
dass du, der du Vater und Mutter bist,
Schöpfer der Welt,
Geist, der uns Leben einhaucht,
dass du großer und weiter Gott
ein Kind geworden bist.
Ein Kind, wie wir Kinder sind und waren.
Vater und Mutter Gott,
hilf uns dich im Kind erkennen
als Bruder und Schwester,
als der menschenfreundliche Gott.
Amen

📖 Lesung: Lukas 2,6-12

Und als sie dort waren, kam die Zeit, dass sie gebären sollte. Und sie gebar ihren ersten Sohn und wickelte ihn in Windeln und legte ihn in eine Krippe; denn sie hatten sonst keinen Raum in der Herberge.

Und es waren Hirten in derselben Gegend auf dem Felde bei den Hürden, die hüteten des Nachts ihre Herde. Und der Engel des Herrn trat zu ihnen, und die Klarheit des Herrn leuchtete um sie; und sie fürchteten sich sehr. Und der Engel sprach zu ihnen: Fürchtet euch nicht! Siehe, ich verkündige euch große Freude, die allem Volk widerfahren wird; denn euch ist heute der Heiland geboren, welcher ist Christus, der Herr, in der Stadt Davids.

Und das habt zum Zeichen: Ihr werdet finden das Kind in Windeln gewickelt und in einer Krippe liegen.

Das Volk, das im Finstern wandelt, sieht ein großes Licht;
denn uns ist ein Kind geboren,
ein Sohn ist uns gegeben,
und die Herrschaft ruht auf seiner Schulter.
Hallelujah

Hallelujah ...

🎼 **Lied: Kommet ihr Hirten** ... (EG 48,1–3)

Meditation: Kindskopf

Erstaunlich ist es schon,
erstaunlich ist es – immer wieder.
Der große Gott als kleines Kind,
der die Welt schuf durch die Macht seines Wortes,
der kommt mit einem Schrei zur Welt.
Der den Garten baute,
der das Paradies gedeihen ließ,
der Wachstum und Gedeihen schenkt,
der liegt im Arm einer Mutter –
der Gott des Lebens, der Lebendige,
der findet sich gefährdet, in der Krippe.
Erstaunlich ist es schon,
erstaunlich ist es – immer wieder.

🎼 **Sologesang oder Gemeinde:**
   Ich steh an deiner Krippen hier ... (EG 37,1+2)

Er hätte doch auch anders kommen können:
Als Blitz vom Himmel –
und wir wären geblendet von seiner Macht.

Als Held auf dem feurigen Wagen –
und die Welt hätte ihn verehrt und angebetet.
Aber nein, im hintersten Winkel,
in der Höhle, in dem Stall kommt er an,
bemerkt von wenigen und gewiss nicht
von den Einflussreichen, den Wortführern.
Er hätte mit Donnerschall kommen können wie Wotan,
oder als Kopfgeburt wie Athene.
Venus wurde im Schaum geboren,
Merkur kam auf Flügeln, leicht und verschmitzt,
Poseidon teilte das Meer.
Er hätte als strahlender Held die Massen begeistern
oder mit Megawaffen Gehorsam fordern können.
Beachtlich das alles, erschreckend auch
und in jedem Fall: auffällig.
Aber Gott hat keinen dieser Wege gewählt.
So klein – Gott so klein!
Erstaunlich!

🎼 **Gesang: Ich steh ...** (EG 37,6+7)

»Ach, Heu und Stroh sind viel zu schlecht!«
Nicht für Gott, nicht für unseren Gott!
Das ist doch verrückt, nicht wahr?
Paul Gerhardt, im Weihnachtslied,
kann es kaum glauben.
»Nehmt weg das Stroh, nehmt weg das Heu!«,
fordert er – sprachlos recht eigentlich,
sprachlos um des Elends willen,
in das hinein der große Gott
als kleines Kind geboren wird.

🎼 **Gesang: Ich steh ... (EG 37,6)**

Das ist doch verrückt, nicht wahr?
Was muss dieser Gott für ein Kindskopf sein,
dass er sich herablässt, ein Kind zu werden!
Nur –
als Herablassung versteht er es nicht.
Der kindsköpfige Gott –
in Wahrheit macht er sich nicht klein,
in Wahrheit beugt er sich nicht herab.
Hier gilt nicht groß und klein,
hier gilt nicht oben und unten.
Hier zählt nur: diese Sehnsucht des Liebenden,
bei denen sein zu wollen, die er liebt.
Gott will uns nahe sein!
Er will all das teilen mit uns,
was unser Leben bestimmt,
was es befördert und gelingen lässt,
und was es bedroht und scheitern lässt.
Er teilt das Elend von Kälte und Dunkelheit,
er teilt, was so unbedeutend scheint:
Krippe und Stall,
weil wir ihm alles bedeuten.
Gott liebt.

🎼 **Gesang: Ich steh ... (EG 37,2+3)**

Gott liebt.
Erstaunlich diese Liebe,
erstaunlich dieser Kindskopf Gott.
Erstaunlich und verrückt.
Ja, Gott verrückt –

verrückt unsere Maßstäbe:
Nicht auf das Große kommt es an,
nicht auf Macht und Einfluss und Glanz,
sondern auf die Nähe.
»Wie du mein wollest werden« –
darauf kommt es Gott an.

Darum kommt er dort an, wo ich ganz ich bin,
in meinen Schwächen und Grenzen,
meiner Not und meiner Furcht,
und in meiner Sehnsucht, meiner zaghaften Hoffnung.
Der Kindskopf hat es sich in den Kopf gesetzt,
ein Kind zu werden,
weil er dann dort ankommt,
wo wir am gefährdetsten sind.

🎼 **Gesang: Ich steh … (EG 37,2)**

»Wie du mein wollest werden« –
und da er nun unser geworden ist,
sind wir sein geworden.
Wir – seine Menschen;
wir – seine Geliebten;
wir – die, um die er sich sorgt,
um die er sich müht.
Ich bin dein und du bist mein.
Er, der Freund, der Bruder Gott,
der verrückte Kindskopf,
der vom Himmelsthron abrückt,
der die Maßstäbe dieser Welt zurechtrückt,
und der etwas beiseite rückt,
damit wir Platz haben in der Weite seiner Liebe.
Haben wir das?

Finden wir den?
Den Platz, den wir brauchen,
um aufzuleben, um Hoffnung zu haben,
um mutig durch die Zeit zu schreiten,
aufrecht, gelassen und getrost?
Wir finden ihn, wenn wir uns nur einlassen
auf den Kindskopf Gott,
wenn wir staunen und uns ergreifen lassen,
wie Kinder das tun –
ohne Furcht, verrückt genannt zu werden.
Bin ich erst verrückt wie dieser erstaunliche Gott,
dann bin ich der Mensch,
den er meinte, als er mich schuf,
und zu dem er mich befreit,
mit einem kindlichen Lachen,
mit seiner liebevollen Gegenwart.

 **Gesang: Ich steh ... (EG 37,4+9)**

Bitte lassen Sie uns beten:
Gott, du Liebender,
wir stehen vor deiner Krippe hier
und uns verschlägt es die Worte,
es raubt uns den Atem,
dass du so zu uns kommst.
Nichts ist zwischen dir und uns,
weil du alles Trennende überwindest,
»groß und klein«, »mächtig und schwach«,
»erhaben und elend«, »strahlend und dunkel« –
all das gilt nicht mehr,
weil du uns nahe bist.
Gott, unser Freund, Gott, an unserer Seite,

hilf uns, das mitzunehmen aus dieser Nacht:
die Gewissheit, dass du bei uns bist,
den Trost, dass du mit uns gehst,
den Mut, unser Leben in deiner Gegenwart zu leben.
Klein und ein Kind bist du geworden,
als deine Kinder gehen wir in unsere Zeit!

Beten wir, wie Jesus gebetet hat:

Vaterunser

Lied: Dies ist die Nacht, da mir erschienen ... (EG 40,1.5)

Segen:
Aus den Augen des Kindes schaut er dich an,
mit dem Lächeln des Kindes lacht er dich an,
mit der Stille des Kindes macht er dich still.

So segnet und behütet dich
der liebevolle, der lebendige Gott,
der Vater, der Sohn und der Heilige Geist.
Amen

Lied: Stille Nacht ... (EG 46,1–3)

Zeitnah

Gottesdienst zum 1. Christtag

Zeitnah.
Gottesdienst zum 1. Christtag

Orgelvorspiel

🎼 **Lied: O du fröhliche ...** (EG 44,1–3)

Votum – Amen

Begrüßung:
Gestern haben wir die Heilige Nacht gefeiert – ist heute heiliger Morgen? In jedem Fall strahlt vom Licht dieser Nacht ein Glanz auf alle Zeit, auf heute, morgen, übermorgen. Dies Licht ist für jeden Tag aufgeschienen – für unsere Tage auch.

Der menschgewordene Gott, der für uns da ist und mit uns geht, unser Gott, der sei mit euch – **und mit deinem Geist.**

Der Himmel freue sich und die Erde sei fröhlich,
das Meer brause und was darinnen ist,
das Feld sei fröhlich und alles, was darauf ist,
es sollen jauchzen alle Bäume im Walde
vor dem Herrn, denn er ist gekommen!

Ehre sei dem Vater ...

Bitte beten Sie mit mir:

Mein Gott, wenn schon die Engel singen,
die Bäume jauchzen,
wenn Feld, Wald und Acker erfüllt sind von Liedern,
und das Meer in tiefen Tönen jubelt und wogt,
wenn die Sonnenstrahlen feine Weisen singen
und der Regen trommelt dazu,
mein Gott, wenn alle Welt ein Lied ist,
ein Loblied auf den Gott, der sie liebt,
dann will auch ich, mein Gott,
dann will auch ich nicht schweigen,
dann sing ich mein Lob gerade so wie Vogel und Wind,
wie die Flechten am Fels, wie der Schwan auf dem See.
Du bist da, Gott, du bist bei mir,
hör, mein Gott, ich lobe dich!
Und bitte dich: Erbarme dich!

Kyrie (EG 178.10)

Gott hört uns und er schweigt nicht.
Und das ist es, was Gott uns zusagt:

Das Volk, das im Finstern wandelt, sieht ein großes Licht!

Ehre sei Gott in der Höhe – **und auf Erden** ...

🎼 **Lied: Ich lobe meinen Gott** ... (EG Baden 628,1–3)

Rudolf Alexander Schröder, Wir harren Christ

Wir harren Christ in dunkler Zeit;
Gib deinen Stern uns zum Geleit
Auf winterlichem Feld.

Du kamest sonst doch Jahr um Jahr;
Nimm heut auch unsrer Armut wahr
In der verworrnen Welt.

Es geht uns nicht um bunten Traum
Von Kinderlust und Lichterbaum;
Wir bitten: Blick uns an,
Und lass uns schaun dein Angesicht,
Drin jedermann, was ihm gebricht,
Gar leicht verschmerzen kann.

Es darf nicht immer Friede sein;
Wer's recht begriff, der gibt sich drein.
Hat jedes seine Zeit.
Nur deinen Frieden, lieber Herr,
Begehren wir je mehr und mehr,
Je mehr die Welt voll Streit.

*(aus: Rudolf Alexander Schröder, Gesammelte Werke in
fünf Bänden. Band I: Die Gedichte. © Suhrkamp Verlag
Berlin und Frankfurt am Main 1952. Alle Rechte bei und
vorbehalten durch Suhrkamp Verlag Berlin)*

🎼 **Lied: Lobt Gott, ihr Christen alle gleich … (EG 27,1)**

📖 Lesung: Lukas 2,8-14

Und es waren Hirten in derselben Gegend auf dem Felde bei
den Hürden, die hüteten des Nachts ihre Herde. Und der Engel
des Herrn trat zu ihnen, und die Klarheit des Herrn leuchtete
um sie; und sie fürchteten sich sehr. Und der Engel sprach zu

ihnen: Fürchtet euch nicht! Siehe, ich verkündige euch große Freude, die allem Volk widerfahren wird; denn euch ist heute der Heiland geboren, welcher ist Christus, der Herr, in der Stadt Davids. Und das habt zum Zeichen: Ihr werdet finden das Kind in Windeln gewickelt und in einer Krippe liegen.

Und alsbald war da bei dem Engel die Menge der himmlischen Heerscharen, die lobten Gott und sprachen: Ehre sei Gott in der Höhe und Friede auf Erden und den Menschen ein Wohlgefallen.

Lied: Er wird ein Knecht … (EG 27,5)

Lesung: Lukas 2,16-19

Und sie kamen eilend und fanden beide, Maria und Josef, dazu das Kind in der Krippe liegen. Als sie es aber gesehen hatten, breiteten sie das Wort aus, das zu ihnen von diesem Kinde gesagt war. Und alle, vor die es kam, wunderten sich über das, was ihnen die Hirten gesagt hatten.
Maria aber behielt alle diese Worte und bewegte sie in ihrem Herzen.

Lied: Heut schließt er wieder auf die Tür … (EG 27,6)

Predigt: Völlig losgelöst?

Alle Morgen weckt er mir das Ohr, dass ich höre, wie Jünger hören. Amen

Hören wir auf Gottes Wort zum Weihnachtsfest, aus dem Evangelium des Lukas, im 2. Kapitel, die Verse 1-7:

Es begab sich aber zu der Zeit, dass ein Gebot von dem
Kaiser Augustus ausging, dass alle Welt geschätzt würde.
Und diese Schätzung war die allererste und geschah zur
Zeit, da Quirinius Statthalter in Syrien war.
Und jedermann ging, dass er sich schätzen ließe, ein jeder
in seine Stadt. Da machte sich auf auch Josef aus Galiläa,
aus der Stadt Nazareth, in das jüdische Land zur Stadt
Davids, die da heißt Bethlehem, weil er aus dem Hause
und Geschlechte Davids war, damit er sich schätzen ließe
mit Maria, seinem vertrauten Weibe; die war schwanger.
Und als sie dort waren, kam die Zeit, dass sie gebären
sollte. Und sie gebar ihren ersten Sohn und wickelte ihn
in Windeln und legte ihn in eine Krippe; denn sie hatten
sonst keinen Raum in der Herberge.

Ich weiß nicht, ob Sie das überhaupt noch hören können, liebe
Gemeinde – das Bibelwort zum heutigen Weihnachtsfeiertag,
mein ich. Das kennen Sie in- und auswendig, seit Kinderta-
gen, immer dieselbe Leier, Jahr für Jahr dieselbe Geschichte,
derselbe Tonfall, dieselben Themen: »Da machte sich auf auch
Josef ... sie sonst keinen Raum in der Herberge ... Siehe, ich
verkündige euch ... und sie kamen eilend und fanden ... Maria
aber behielt alle diese Worte in ihrem Herzen.« Ja, ja, ja!
Das brauch ich gar nicht mehr vorzulesen, alles schon gehört, und schon viel zu oft gehört, bis zum Überdruss, hat
sooooo'n Bart, gibt's da auch mal was Neues?
Ja, liebe Gemeinde, gibt es – und Sie vermuten zu Recht,
dass diese Klage ironisch gemeint war. Natürlich ist das kein
alter, überholter Text, keine Geschichte von vorgestern, aus
Kindheitstagen, eine nette Erinnerung bestenfalls, aber sicher nicht ernst zu nehmen. Doch ganz ernst zu nehmen ist
sie – wir müssen nur genauer hinhören.

Es ist eine kleine Wendung am Anfang der Weihnachtser-
zählung, die sie atemberaubend aktuell macht, die ihr eine
Gültigkeit gibt, die die Zeiten überdauert.

»Es begab sich aber zu der Zeit, dass ein Gebot von dem Kaiser
Augustus ausging, dass alle Welt geschätzt würde ...« So beginnt die Geschichte, und sie beginnt mit einem Datum: »zu
der Zeit«, schreibt Lukas, der Erzähler. Wir wissen heute nicht
mehr auf Jahr und Tag genau, wann das war, Jesus muss zwischen 6 und 4 vor Christus geboren sein, das lässt sich aus his-
torischen und astronomischen Daten und den verschiedenen
Kalenderreformen, die es in der Weltgeschichte gab, ableiten.
Auf den richtigen Termin kommt es auch nicht an, wichtig ist
für Lukas allein: Es gab ihn. Jesus ist geboren, wie Menschen
geboren werden: in einem bestimmten Jahr, an einem bestimmten Tag, zu dieser Stunde und Minute. Vermutlich war's
nicht mal Dezember, sondern in der Mitte des Jahres, und
Schnee gab's ganz gewiss keinen. Es ist auch gleich, wann wir
die Geburt feiern – wichtig ist nur: Sie hat einen Zeitpunkt,
eine Spanne Zeit in der Geschichte der Menschheit. Gott ist
Mensch geworden, der Ewige ist Zeit geworden. »Zu der Zeit«,
zu einer bestimmten Zeit, darauf kommt es Lukas an.
Darum ist, genau betrachtet, die Geschichte von der Geburt
Jesu eben nicht zeitlos, wie sie gerne genannt wird. Dass
etwas »zeitlos« ist, sag ich, wenn ich ausdrücken will: Dieses
Bild, diese Musik, dieses Gedicht unterliegt keinen Verände-
rungen, das ist für alle Zeiten gültig, an dem nagt der Zahn
der Zeit nicht, das bekommt keine Falten und grauen Haare,
das wird nicht altersblind und gebrechlich, das ist und bleibt
anheimelnd und schön, bedeutsam und lebendig, für immer
und immer, für allezeit.
Aber in diesem Sinne zeitlos ist Gottes Geschichte eben
nicht, sie gilt nicht für alle Zeit, nein, sie gilt: für jede Zeit.

Das klingt etwas spitzfindig, ich gebe es zu. Doch es geht um den Unterschied zwischen »allgemein« und »besonders«, zwischen »im Großen und Ganzen« und »für dich und mich«! Es ist tatsächlich so: Der Stern von Bethlehem steht nicht »so ganz allgemein« und »en gros« strahlend über aller Welt, allen Menschen, aller Welt- und Menschengeschichte, völlig losgelöst von Werden und Wachsen, Sein und Vergehen. Nein, er leuchtet die Winkel aus, er strahlt hinter die Ecken und Kanten, er sucht die Gesichter der Menschen aufzuhellen, der einzelnen Menschen, jedes und jeder Einzelnen. Er sucht nicht nur die Geschichte auf, er sucht uns auf, in unseren Geschichten. Darum nicht: »allezeit«, sondern »für jede Zeit«, »für jeden Menschen«.

Die Weihnachtsgeschichte hat ein Datum, weil Menschen Daten haben, weil wir zeitlich sind, in der Zeit gefangen, der Zeit verfallen, zeitlich begrenzt, darum geht der menschliche Gott in unsere Zeit ein.

Er geht in unsere Zeit ein, er nimmt sich Zeit für uns, er streift sich das Kleid der menschlichen Zeit über – und verändert die Zeit.

In seinem Brief an die Galater, da sagt Paulus einmal, was geschieht, wenn der Ewige sich der Zeit annimmt: Im 4. Kapitel des Briefes heißt es: »Als aber die Zeit erfüllt war, da sandte Gott seinen Sohn, geboren von einer Frau ...« Hören Sie, was Gott mitbringt, wenn er kommt in unsere Menschengeschichten? »Erfüllte Zeit« bringt er mit. Nicht nur eine Fülle von Zeit, nicht nur Zeit in Hülle und Fülle – was ja schon ganz, ganz viel wäre, wo uns Zeit und Atem so schnell ausgehen, wo wir leiden unter der dahineilenden, der fortfliehenden Zeit ... und das Leben saust vorbei und bestraft den, der zu spät kommt, und wie oft kommen wir zu spät und haben das Beste verpasst, der Zug ist abgefahren. Mit einer Fülle von Zeit würde er uns schon reichlich beschenken, aber es ist noch viel, viel mehr, was er mitbringt. »Erfüllte Zeit«, das heißt auch: angefüllte Zeit, Jahre, Tage, Stunden, die angefüllt sind mit Glück und Sinn, mit Mut und Durchhaltevermögen, mit Geduld und Hilfe. »Erfüllte Zeit«, das ist die Zeit, die ich genieße, mit einem Buch in der Hand und Glühwein im Becher; »erfüllte Stunde«, das ist der Weihnachtsoratorien-Gesang, das ist »Bereite dich, Zion«, das mir zu Herzen geht; »erfüllte Momente«, das ist der Kuss und die Umarmung, die Hand, zur Versöhnung gereicht, das Wiedersehen mit dem Freund nach langer, langer Zeit. »Erfüllte Zeit« – und das ist auch der wachsende Mut, wenn mir eine schwere Entscheidung bevorsteht, das ist auch die Kraft, die mir die Krankheit tragen und durchhalten hilft; »erfüllte Tage« sind gefüllt mit Sehnsucht nach Liebe und Mut; ein »erfüllter Augenblick«, das ist auch der letzte, liebevolle Blick, der letzte Atemzug in Würde und Frieden und Geborgenheit.

Das alles geschieht, wenn Gott in unserer Zeit geboren wird. Aber geschieht es tatsächlich auch heute noch? Oder hatten die eben Glück, die da lebten »zur Zeit, da Quirinius Statthalter in Syrien war«? Die Hirten und Könige und »alle, vor die es kam« und die sich »wunderten ... über das, was ihnen die Hirten gesagt hatten«? Sind wir davon nicht doch schon losgelöst, von der Zeit, die sich nicht mehr einholen lässt?

»Es begab sich aber zu der Zeit« – das klingt schon etwas ausschließlich, so, als sei Gott nur damals der Welt so nahe gewesen, wie ein Komet, der in der Atmosphäre verglüht – und den Nachgeborenen bleibt nur die Erinnerung, bleibt nur die ewig alte Geschichte vom Krippenkind, vom Stall in Bethlehem.

Doch so meint es Lukas nicht, so meint es Gott nicht: »Zu der Zeit«, das ist ein Versprechen. So wie er kam zu jener

Zeit, genau an diesem Tag, zu dieser Stunde, wie er kam zu ganz bestimmter Zeit, so ist er da, zu jeder bestimmten Zeit, genau dann, auf die Sekunde, »just in time« sozusagen, pünktlich, haargenau dann, wenn ich ihn brauche. Gott lebt zeitnah und ist zur rechten Zeit zur Stelle.

Es begibt sich aber, immer begibt es sich, immer und jedes Mal neu, zu der Zeit, zu meiner Zeit – das ist ein Versprechen. Und dann begibt sich, was der Engel singt: »Fürchte dich nicht – hab große Freude; heute ist der da, der dir hilft!« Zu genau deiner Zeit, für dich!

Amen

🎼 **Lied: Zu Bethlehem geboren** ... (EG 32,1–4)

Genau zur rechten Zeit,
genau zur rechten Zeit kommt Gott,
er kommt und ist da,
mit einer Lebendigkeit, seiner Liebe,
die er mit uns teilt.
Gott lädt uns ein an seinen Tisch.

Erhebet eure Herzen – **wir erheben sie zum Herrn.**
Lasst uns Dank sagen dem Herrn, unserem Gott –
das ist würdig und recht.

Ja, Gott, unser Gott, wir danken dir,
dass du, als die Zeit erfüllt war,
kamst, um unsere Zeit zu erfüllen.

Wir stehen nun nicht mehr im Schatten,
die Kälte verfliegt,
wir spüren es schon;

und die Dunkelheit lichtet sich,
der Nebel vor unserer Zukunft löst sich auf.
Unsere Zeit wird Gotteszeit!

Dafür danken wir dir,
und mit Maria, mit den Hirten und den Engeln
stimmen wir ein in den himmlischen Lobgesang:

Heilig, heilig ...

Unser Herr Jesus Christus in der Nacht, da er verraten ward ...

Gepriesen seist du, unser Gott,
für das Brot, Frucht der Erde und
der menschlichen Arbeit,
wir teilen es, wie du unser Leben teilst.

Desgleichen nahm er auch den Kelch nach dem Mahl ...

Gepriesen seist du, unser Gott,
für den Wein, Frucht des Weinstocks und
der menschlichen Arbeit,
wir teilen, wie du die Freude teilst mit uns.

Gepriesen seist du, unser Gott,
mit dem Gebet, das Christus uns gelehrt hat:

Vaterunser

Und sooft ihr von diesem Brot esst
und von diesem Kelch trinkt,
verkündet ihr die Geburt, Leben

und Sterben und Auferstehn Christi,
uns zugut.

Christe, du Lamm Gottes ...

Gott hat seinen Frieden gemacht mit uns,
darum sei auch Friede unter uns.
Wir wenden uns einander zu und grüßen uns mit dem
Friedenswunsch:
»Der Friede des Herrn sei mit dir!«

Friedensgruß

Wie die Hirten zur Krippe, die Könige zum Gebet,
so kommen wir zum Tisch unseres Gottes,
so schauen und staunen wir, wie gut es Gott mit uns meint.
Kommt, denn es ist alles bereit.

(Kommunion)

Bitte lassen Sie uns danken und beten:
  Aus deiner Fülle schenkst du, Gott,
  wir schmecken und sehen es –
  gib denen, die zu wenig haben oder nichts.

  Aus deiner Fülle bist du gekommen, Gott,
  hinein in alle menschliche Armut –
  komm zu denen, die an ihrer Seele verarmt sind.

  Als die Zeit erfüllt war, hast du dich aufgemacht, Gott,
  hast du Wohnung genommen in unserer Welt –
  bau denen eine Heimat, die entwurzelt sind.

Im Lachen des kleinen Kindes, Gott,
liegen die Fülle und der Reichtum deiner Liebe –
ermutige die, denen das Lachen vergangen ist.

Da du aus deiner Fülle gibst, Gott,
hast du uns bereichert – hilf uns, selbst zu geben.
Amen

Lied: Fröhlich soll mein Herze springen ... (EG 36,1.2.6)

Segen:
Der das Licht ist, der erleuchte dich.
Der das Licht ist, der begleite dich.
Der das Licht ist, der bewahre dich.

So segne und behüte dich der helle Gott,
der Vater, der Sohn und der Heilige Geist.
Amen ...

Orgelnachspiel

All dies kam vom Gesicht ihres Sohnes …

Literarischer Gottesdienst
zum 1. Christtag

»All dies kam vom Gesicht ihres Sohnes« (Bertolt Brecht). Literarischer Gottesdienst zum 1. Christtag

Orgelvorspiel

Votum – Amen

Das Wort ward Mensch und wohnte unter uns, und wir sahen seine Herrlichkeit.

Mit einer Freude, die in dieser Weihnachtszeit gern eine kindliche genannt werden darf, begrüße ich Sie herzlich zu unserem Gottesdienst heute zum 1. Christtag. Zur Feier des Tages sind wir zu einem »Literarischen Gottesdienst« zusammengekommen, einem Gottesdienst also, der auf die Stimmen der Dichter hört, auf die, die zu Worte bringen, was sie an der Botschaft der Weihnacht bewegt. Nicht immer ist uns, was sie sagen, vertraut – was aber die Möglichkeit bietet, das Gute-Alte anders zu hören, damit es sich neu, immer wieder neu erschließe.
Wie Maria die Worte des Engels und der Hirten in ihrem Herzen bewegte, so lassen wir uns bewegen vom Unvertrauten, Ungewohnten – und wir lernen zu staunen.

🎼 **Lied: Ich steh an deiner Krippen hier ... (EG 37,1+2)**

Der Gott, der unter uns wohnt, der Gott mit dem menschlichen Antlitz, unser Gott, der sei mit euch – **und mit deinem Geist.**

... denn er kommt! Gebet im Wechsel (nach Psalm 96):

Liturg:
Wo bleibst du, Trost der ganzen Welt?
Herberg' ist dir schon bestellt.
Verlangend sieht ein jedes dich,
und öffnet deinem Segen sich.

(aus: Novalis: Schriften. Die Werke Friedrich von Hardenbergs. Band 1, Stuttgart 1960–1977, S. 173-175)

Fröhlich soll mein Herze springen
dieser Zeit, da vor Freud alle Engel singen.
Hört, hört, wie mit vollen Chören alle Luft
laute ruft: Christus ist geboren!
(EG 36,1)

Liturg/Gemeinde im Wechsel:
Singt unserm Gott ein neues Lied;
Singt ihm, alle Welt!
Singt Gott und lobt seinen Namen,
verkündet von Tag zu Tag sein Heil!
Erzählet unter den Völkern von seiner Herrlichkeit,
der ganzen Welt von seinen Wundern!
Betet Gott an im Festgewand;
es achte ihn alle Welt!

Liturg:
Er ist der Stern, er ist die Sonn,
er ist des ewgen Lebens Bronn.
Aus Kraut und Stein und Meer und Licht
schimmert sein kindlich Angesicht.
(ebd.)

Fröhlich soll mein Herze springen ... (EG 36,1)

Liturg/Gemeinde im Wechsel:
Sagt unter den Völkern: Gott wirkt in seiner Welt.
Er hat den Erdkreis gegründet, dass er nicht wankt.
Er bringt die Völker zurecht.
Der Himmel freue sich, und die Erde sei fröhlich,
das Meer brause und was darinnen ist;
das Feld sei fröhlich und alles, was darauf ist;
es sollen jauchzen alle Bäume im Walde
vor unserem Gott; denn er kommt,
denn er kommt und bringt die Erde zurecht.

Liturg:
In kühlen Strömen send ihn her,
in Feuerflammen lodre er.
In Luft und Öl, in Klang und Tau
durchdring' er unsrer Erde Bau.
(ebd.)

Fröhlich soll mein Herze springen ... (EG 36,1)

Ein Gott für uns, ein Kind für sich,
liebt er uns all' herzinniglich.
(ebd.)

Ehre sei dem Vater ...

Bitte beten Sie mit mir:
Du bringst die Welt zurecht, mein Gott,
daran will ich gerne glauben,
danach sehne ich mich,
zusammen mit den Völkern, mit der ganzen Schöpfung.
Und du hörst diese Sehnsucht,
du verschließt deine Ohren nicht.
Wie wunderbar wäre es, nichts mehr zu hören
von Krieg und Kriegsgeschrei,
von Terror und Bomben,
von Missbrauch und Schändung,
von Amokläufen und Mord.
Du bringst die Welt zurecht, Gott,
daran möchte ich gerne glauben.
Und heute versuch ich es einmal,
auch gegen den Augenschein.
Ja, Gott, bring deine Welt zurecht,
und fang ruhig bei mir an.
Ich hab es auch nötig, das weißt du ja.
Ich bitte dich, mein Gott: Erbarme dich!

Kyrie (EG 178.6)

Gott hört uns und er lässt sich hören.
Und das ist es, was Gott uns zusagt:

Fürchtet euch nicht! Siehe, ich verkündige euch
große Freude, die allem Volk widerfahren wird,
denn euch ist heute der Heiland geboren!

Ehre sei Gott in der Höhe – und auf Erden Fried und den Menschen ein Wohlgefallen.

🎼 **Lied: Hört der Engel helle Lieder** ... (EG 54,1–3)

📖 **Lesung:** Micha 5,1-3

Und du, Bethlehem Efrata, die du klein bist unter den Städten in Juda, aus dir soll mir der kommen, der in Israel Herr sei, dessen Ausgang von Anfang und von Ewigkeit her gewesen ist.
Indes lässt er sie plagen bis auf die Zeit, dass die, welche gebären soll, geboren hat. Da wird dann der Rest seiner Brüder wiederkommen zu den Söhnen Israel.
Er aber wird auftreten und weiden in der Kraft des Herrn und in der Macht des Namens des Herrn, seines Gottes. Und sie werden sicher wohnen; denn er wird zur selben Zeit herrlich werden, so weit die Welt ist.

Meine Seele erhebt den Herrn
und meine Seele freut sich Gottes, meines Heilandes.
Hallelujah

Hallelujah ...

🎼 **Lied: Es ist ein Ros entsprungen** ... (EG 30,1–4)

Predigt: All dies kam vom Gesicht ihres Sohnes. Zu Lukas 2,12 und »Maria« von Bertolt Brecht

Gott öffne mir die Augen und öffne mir das Herz, dass ich die Wunder sehe an deinem Wort. Amen.

Und das habt zum Zeichen: Ihr werdet finden das Kind in Windeln gewickelt und in einer Krippe liegen. (Lukas 2,12)

Das, liebe Weihnachtsgemeinde, das ist die Grundlage: ein Kind, in Windeln. Das ist uns vertraut, das gehört zum Christfest, mit dem Kind in der Krippe steht und fällt die Weihnacht, steht und fällt auch unser Glaube an einen Gott, der zu uns kommt, der mit uns, bei uns und unter uns sein will. Kind in der Krippe – das ist das Zeichen. »Zeichen« – in der Weihnachtsgeschichte heißt das: Das Krippenkind ist der Beweis, dass der Engel die Hirten nicht an der Nase herumführt, dass er ihnen nicht das Blaue vom Himmel herabschwindelt. Nein, was der Engel sagt: »Friede auf Erden, große Freude, den Menschen ein Wohlgefallen«, das ist wahr, ist schlechterdings wahr und wirklich, weil es dieses Kind in Windeln tatsächlich gibt. Stall, Krippe, Kind – das ist die Beglaubigung der Engelsbotschaft, das ist das Zeichen, das es zu lesen und das es zu bejahen gilt.

»Zeichen« – Zeichen zu lesen ist nicht leicht. Sie können sehr verschieden verstanden werden. So zum Beispiel: Da kommt ein Engel mit großen Worten und macht viel Aufhebens – und dann liegt da doch nur ein Kind. Wie enttäuschend. Oder: Das ist eigentlich gar kein Kind, in dem verbirgt sich einer, das Christkind trägt ein Geheimnis in sich – »und weil ich nun nichts weiter kann, bleib ich anbetend stehen«, hat Paul Gerhardt gedichtet, offensichtlich ergriffen, und er hat das Zeichen für ein göttliches genommen, eines, das unseren Horizont sprengt.

Die Dichterinnen und Dichter, viele von ihnen, haben sich des Zeichens angenommen und haben es ganz unterschiedlich gedeutet. Mal sprachen sie vom Elend, mal von der Größe der Weihnacht; mal bezweifelten sie das Zeichen ganz, mal haben sie's pathetisch und anheimelnd verharmlost. Der, auf den ich heute mit Ihnen hören will, der hat das Zeichen des Krippenkindes auf sehr bemerkenswerte Weise verstanden. Zunächst: Bertolt Brecht hat es für sich gelten lassen! Das ist schon nicht selbstverständlich, wo Brecht doch viel eher als Spötter und Atheist, als moralischer Kritiker auch der Religion bekannt ist. Das war er auch – und doch ist es erstaunlich, wie sehr der Kommunist und Moralist, der Dichter und Dramatiker Brecht von biblischer Tradition und Sprache her kommt. Kirche und Theologie waren ihm gewiss fremd, aber den reichen Schatz biblischer Erzählungen, biblischer Weisheit und biblischer Sozialkritik, den wusste er zu schätzen.

Drum liegt es nicht fern, heute, zur Weihnacht, Brecht ein Ohr zu leihen, und – mag sein – dabei zu lernen, die Dinge ums Kind und um die Krippe etwas anders zu hören und zu sehen. »Maria« heißt das Gedicht Bertolt Brechts:

Maria

Die Nacht ihrer ersten Geburt war
Kalt gewesen. In späteren Jahren aber
Vergaß sie gänzlich
Den Frost in den Kummerbalken und rauchenden Ofen
Und das Würgen der Nachgeburt gegen Morgen zu.
Aber vor allem vergaß sie die bittere Scham

Nicht allein zu sein
Die den Armen eigen ist.
Hauptsächlich deshalb
Ward es in späteren Jahren zum Fest, bei dem
Alles dabei war.
Das rohe Geschwätz der Hirten verstummte.
Später wurden aus ihnen Könige in der Geschichte.
Der Wind, der sehr kalt war
Wurde zum Engelsgesang.
Ja, von dem Loch im Dach, das den Frost einließ, blieb nur
Der Stern, der hineinsah.
Alles dies
Kam vom Gesicht ihres Sohnes, der leicht war
Gesang liebte
Arme zu sich lud
Und die Gewohnheit hatte, unter Königen zu leben
Und einen Stern über sich zu sehen zur Nachtzeit.

(aus: Bertolt Brecht, Werke. Große kommentierte Berliner und Frankfurter Ausgabe, Band 13: Gedichte 3. © Bertolt-Brecht-Erben / Suhrkamp Verlag 1993)

Es sind Gegensätze, die Bert Brecht auftut. Hier die kalte, bedrohliche Realität, mit Frost und Rauch, mit Würgen und Scham, rohem Geschwätz und einem Loch im Dach, und dort, auf der anderen Seite, die Wahrnehmung dieser Realität. Und die überrascht, denn Maria friert nicht, vergisst die Scham, sieht einen Stern und aus dem Sausen des Windes wird Engelsgesang. Ach ja, Maria, sie schaut sich, sie redet sich die elende Welt doch wohl schön. So könnte ich urteilen, und verständlich wäre es ja: Statt mich dem Elend zu stellen, deute ich es lieber um, rede ich es aus meiner Wirklichkeit heraus.

Aber ich glaube, so meint Brecht es nicht. Vielmehr erzählt er von einer veränderten Perspektive, von einer gewandelten Sicht. Ja, so nüchtern kann ich die Welt und mein Leben ansehen, dass ich nur vor Augen habe, was schmerzt und was schwer ist, was mich verletzt und beschneidet. Aber es geht noch anders: Hinter und in den Dingen und Ereignissen kann ich finden, was mein Leben reich macht, von einem Stern durchstrahlt, von Engelsgesang durchwoben. Brecht, der kritische, übt hier den anderen Blick, den Blick in die Tiefe, den Perspektivenwechsel. Brecht weiß, dass hinter den Dingen Geheimnisse liegen, und für die tut er sich auf – ohne die Realität, die nasse, kalte, armselige Realität zu leugnen, aber er lässt sie auch nicht allein gelten. Nein, das ist noch mehr, noch Tieferes als das, was vor Augen und auf der Hand liegt. Maria, meint er, hat den Reichtum des zweiten Blicks, der Tiefensicht gelernt. Und wie hat sie es gelernt?

»Alles dies kam vom Gesicht ihres Sohnes.«

Das ist ganz anrührend einfach gesagt. Maria, die junge Mutter, Maria schaut in das Gesicht ihres Kindes, und die Welt fängt an zu glänzen. Das ist nicht reine Romantik, Mütter und Väter, die in die Gesichter ihrer Kinder geschaut haben, die ergriffen waren von so viel verletzlicher und erstaunlicher Schönheit, die wissen das. In diesen Gesichtern liegt eine weltverändernde, schmerzstillende, beglückende Macht. Und im Gesicht ihres Sohnes, in Jesu Gesicht, da spiegelt sich Gottes Macht. Ja, es ist eine verletzliche Macht, Gott weicht den menschlichen Schmerzen nicht aus; und ja, es ist nur ein Menschengesicht, Gott macht sich uns Menschen gleich; und ja, da findet sich ein Lächeln und da finden sich Tränen, denn Gott teilt, was uns lachen und was uns weinen macht. Menschlich, unspektakulär und verwechselbar ist dieses Menschenkinderangesicht, aber aus seinen Augen spricht der liebevolle Gott, hinter dieser Stirn malt er sich unsere heilvolle Zukunft aus, um seinen Mund spielt das Lächeln Gottes.

Ich möchte Ihnen das gerne empfehlen, jetzt zur Weihnacht, aber auch sonst, täglich: Schauen Sie in Jesu Angesicht. Wenn Sie Predigt hören, Bibel lesen oder schweigen im Gebet, wenn er Ihnen begegnet auf Bildern oder in der Dichtung, schauen Sie in sein Gesicht, das menschliche Gesicht des menschlichen Gottes. Der lacht und weint, der fühlt und zürnt, der trauert und jauchzt mit uns.

»Alles dies kam vom Gesicht ihres Sohnes, der leicht war.« Bert Brecht ahnt, dass es in der Tiefe der Begegnung mit Gott um dieses geht: um Lebensleichtigkeit. Die sieht nicht ab von Not und Unrast, aber sie lässt die alleine nicht gelten. Mit »Kälte, Frost, Würgen und Scham« ist nicht alles gesagt, was über uns zu sagen ist. Schauen Sie in das Gesicht des Sohnes, in Gottes Gesicht, und sehen Sie, am Ende geht es um die Lebensleichtigkeit, um Lebensmut und Lebenstrost. Das fühlt sich nicht immer so an, aber weil Gott selbst dafür einsteht, weil Jesus in die Welt geboren ist, der leicht war und liebte, darum sind uns Liebe und Leichtigkeit gewiss. Amen

 **Lied: Zu Bethlehem geboren ...** (EG 32,1–3)

Gott kommt zu uns, wohnt unter uns,
ein freundlicher Gast,
mit einem Lächeln im Angesicht.
Wenn wir das heilige Abendmahl feiern miteinander,
dann ist's, als machten wir den Gegenbesuch bei Gott,
dann schmecken und sehen wir etwas von der Nähe Gottes,
des Gottes, der leicht ist, Gesang liebt
und der Arme zu sich lädt.

Erhebet eure Herzen – **wir erheben sie zum Herrn.**
Lasst uns Dank sagen dem Herrn, unserem Gott – **das ist würdig und recht.**

Ja, Gott, unser Gott, wir danken dir,
danken dir für das Licht, das uns wärmt,
das Lächeln in deinem Angesicht.
Wir sind dir nicht zu klein,
du kommst als ein Kind,
wir sind dir nicht zu schlicht,
du liegst in der Krippe,
du menschlicher Gott.
Dafür danken wir dir mit allem, was wir haben und sind,
und mit Maria, mit den Hirten und den Engeln
stimmen wir ein in den himmlischen Lobgesang:

Heilig, heilig …

Unser Herr Jesus Christus in der Nacht, da er verraten ward …

Gepriesen seist du, unser Gott,
für das Brot, Frucht der Erde und der menschlichen Arbeit,
wir teilen es, wie du unser Leben teilst.

Desgleichen nahm er auch den Kelch nach dem Mahl …

Gepriesen seist du, unser Gott,
für den Wein, Frucht des Weinstocks und
der menschlichen Arbeit,
wir teilen, wie du die Freude teilst mit uns.

Gepriesen seist du, unser Gott,
mit dem Gebet, das Christus uns gelehrt hat:

Vaterunser

Und sooft ihr von diesem Brot esst
und von diesem Kelch trinkt,
verkündet ihr die Geburt, Leben und Sterben
und Auferstehung Christi,
uns zugute.

Christe, du Lamm Gottes ...

Gott hat seinen Frieden gemacht mit uns,
»Friede auf Erden und den Menschen ein Wohlgefallen« –
darum sei auch Friede unter uns.

Wie die Hirten zur Krippe, die Könige zum Gebet,
so kommen wir zum Tisch unseres Gottes,
so schauen und staunen wir,
wie gut es Gott mit uns meint.
Kommt, denn es ist alles bereit.

(Kommunion)

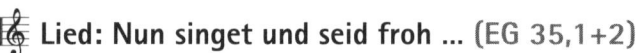 **Lied: Nun singet und seid froh ... (EG 35,1+2)**

Bitte lassen Sie uns danken und beten:
Dir, Gott, sei Dank,
denn du hast uns nicht allein gelassen,
du bist da,
Kind in der Krippe, Lehrer aus Nazareth,

Bruder am Kreuz, Licht der Welt,
du bist da, Gott sei Dank, in unseren Herzen,
unseren Sinnen,
und in jedem, jedem Tag.

Begleite die, die nicht im Lichte stehen,
sei bei denen, zu denen keiner auf Besuch kommt,
erhelle die, über denen kein guter Stern steht.
erfreue die, über die sich niemand freut.

Du bist da, in unserer Zeit, in unserer Welt,
hilf uns, das zu spüren,
Dir, Gott, sei Dank.
Amen

 **Lied: O du fröhliche ...** (EG 44,1–3)

Segen:

Der die fröhliche Zeit schenkt, erfreue dich.
Der die selige Zeit gibt, beglücke dich.
Der die Gnade bringt, sei dir nah.

So segne und behüte dich der freundliche Gott,
der Vater, der Sohn und der Heilige Geist.
Amen

Orgelnachspiel

Stresstest
Gottesdienst
zum Altjahrsabend

Stresstest.
Gottesdienst zum Altjahrsabend

Orgelvorspiel

🎼 **Lied: Der du die Zeit in Händen hast ... (EG 64,1–3.6)**

Votum – Amen

Begrüßung:

Wir sind heute zum letzten Abend des Jahres zusammengekommen, weil wir die Zeit, die vergangen ist, in Gottes
Hand legen, mit allem, was darin erfreulich war. Mit allem,
was uns bedrängte. Und wir sind hier, um uns Hoffnung
geben zu lassen für das Neue, das auf uns wartet.
Wir schauen zurück und halten Ernte, wir schauen nach
vorne und öffnen unsere Hände.

Der Gott, der die Zeit in Händen hat, der Gott unserer
Jahre und Tage, unser Gott, der sei mit euch – **und mit
deinem Geist.**

Meine Hilfe kommt von Gott – Psalmgebet im Wechsel (Psalm 121):

**Nun lasst uns gehn und treten
mit Singen und mit Beten
zum Herrn, der unserm Leben
bis hierher Kraft gegeben.** (EG 58,1)

Liturg/Gemeinde im Wechsel:
Ich hebe meine Augen auf zu den Bergen.
Woher kommt mir Hilfe?
Meine Hilfe kommt von Gott,
der Himmel und Erde gemacht hat.

Liturg:
Wir gehen dahin und wandern
von einem Jahr zum andern,
wir leben und gedeihen
vom alten bis zum neuen.

Nun lasst uns gehn und treten ... (EG 58,1)

Liturg/Gemeinde im Wechsel:
Er wird deinen Fuß nicht gleiten lassen,
und der dich behütet, schläft nicht.
Siehe, der Hüter Israels schläft und schlummert nicht.
Gott behütet dich;
Gott ist dein Schatten über deiner rechten Hand,

Liturg:
Gelobt sei deine Treue,
die alle Morgen neue.

Lob sei den starken Händen,
die alles Herzleid wenden.

Nun lasst uns gehn und treten ... (EG 58,1)

Liturg/Gemeinde im Wechsel:
Dass dich des Tages die Sonne nicht steche
noch der Mond des Nachts:
    Gott behüte dich vor allem Übel,
    er behüte deine Seele.
Gott behüte deinen Ausgang und Eingang
von nun an bis in Ewigkeit!

Liturg:
Sprich deinen milden Segen
zu allen unsern Wegen,
lass Großen und auch Kleinen
die Gnadensonne scheinen.

Nun lasst uns gehn und treten ... (EG 58,1)

Liturg:
Ach Hüter unsres Lebens,
fürwahr, es ist vergebens
mit unserm Tun und Machen,
wo nicht dein Augen wachen.
(Paul Gerhardt, siehe EG 58)

Ehre sei dem Vater ...

Bitte beten Sie mit mir:

Mein Gott, von dem mir Hilfe kommt,
der mich behütet,
am Ende des Jahres komme ich zu dir, um zu danken:
zu danken für das Schöne und das Schwere,
zu danken für das Helle und das Dunkle,
zu danken für das Neue und das Bewährte.
Jeden Tag habe ich empfangen aus deiner Hand,
und alles, was reich war darin:
die Gesichter und das Lachen,
die tiefe Stille und das laute Glück.
Jede Stunde kommt aus dir,
und alles, was mich herausgefordert hat:
der Streit und die Verzagtheit,
der Schmerz und die Mühe.
Mein Gott, von dem mir Hilfe kommt,
der mich behütet,
hilf, dass alles, was mir begegnet ist,
fruchtbar und zum Segen wird.
Darum bitte ich dich: Hilfreicher Gott, erbarme dich!

Kyrie (EG 178.11)

Gott hört uns und er lässt sich hören. Und das ist es, was Gott uns zusagt:

Unsere Hilfe steht im Namen Gottes, der Himmel und Erde gemacht hat.

Ehre sei Gott in der Höhe – **und auf Erden Fried ...**

🎼 Lied: Von guten Mächten ...
(EG Bayern/Thüringen 637,1+2)

📖 Lesung: Römer 8,31-39

Ist Gott für uns, wer kann wider uns sein?
Der seinen Sohn für uns alle dahingegeben hat – wie sollte er uns mit ihm nicht alles schenken?
Wer will die Auserwählten Gottes beschuldigen? Gott ist hier, der gerecht macht.
Wer will uns scheiden von der Liebe Christi? Trübsal oder Angst oder Verfolgung oder Hunger oder Blöße oder Gefahr oder Schwert?
In alledem überwinden wir weit durch den, der uns geliebt hat.
Denn ich bin gewiss, dass weder Tod noch Leben, weder Engel noch Mächte noch Gewalten, weder Gegenwärtiges noch Zukünftiges, weder Hohes noch Tiefes noch eine andere Kreatur uns scheiden kann von der Liebe Gottes, die in Christus Jesus ist, unserm Herrn.

🎼 Lied: Von guten Mächten ...
(EG Bayern/Thüringen 637,5+6)

Predigt: Stresstest

Gottes Wort ist wahrhaftig, und was er zusagt, das hält er gewiss. Amen

Etwas spitzbübisch und nicht ohne ein Quäntchen Eitelkeit freu ich mich Jahr für Jahr, liebe Gemeinde, wenn ich es wieder erraten habe: Man kann sich einen Sport daraus machen, das Wort des Jahres zu erraten. 2006 hieß das Wort des Jahres »Fanmeile« (das lag nahe), 2009 war es die »Abwrackprämie« – vielleicht erinnern Sie sich? 2012 war es der »Rettungsschirm« (Sie denken noch an Griechenland?) und 2013 – ganz hässlich – die »Groko«. Na ja! An ein älteres musste ich dieser Tage denken: Im Jahr 2011 hieß das Wort des Jahres »Stresstest«! Die Gesellschaft für deutsche Sprache in Wiesbaden hat es gekürt – und am Jahresende kann es einem durchaus in den Sinn kommen. Denn das »Wort des Jahres« ist nicht nur ein Spiel für Sprachverliebte und Besserwisser, nicht nur eine Beschäftigung für leidenschaftliche Zeitungsleser und Medienbeobachter, die sonst nichts Sinnvolleres zu tun haben.

Nein, das Wort des Jahres steht für den Zeitgeist und bringt zum Ausdruck, was unsere Gesellschaft und die Einzelnen darin bewegt hat und noch bewegt, was uns Angst oder Lust gemacht hat. Im Jahr 2011 war es also der »Stresstest«.

Von dem war damals wirklich viel zu lesen und zu hören: Die Banken hatten ihren Stresstest und die Versicherungen hatten ihren, Stuttgart 21 hatte seinen, mit sehr unterschiedlich bewerteten Ergebnissen, so manche Partei und Landesregierung hatte »Stresstests«, die eher nicht bestanden wurden, ein Kernkraftwerk in Japan hat in seinem restlos versagt und darum das Land und die Welt in Dauerstress versetzt.

Und ich glaube, jede und jeder von uns hatte auch in diesem vergehenden Jahr, welches Datum es auch trägt, seinen und ihren »Stresstest«, weniger spektakulär und ohne Schlagzeilen, aber nicht ohne Schweiß und Schmerzen. Bei dem einen mag die Beziehung, die Partnerschaft auf dem Prüfstand gestanden haben, bei der anderen die Hoffnung und der Mut: wenn die Liebe in die Krise kam, oder wenn Abschied zu nehmen war von einem Menschen, der vertraut war und unersetzlich. Ratlosigkeit und Trauer, Unentschiedenheit und Furcht, die setzen unter Stress, die machen Druck und testen, wie viel Vertrauen ich habe, ob ich etwas zu wagen bereit bin, ob ich den Herausforderungen standhalte. Und ganz so leicht, mit links und aus der hohlen Hand, sind diese Stresstests nicht zu bestehen – sie können krank machen und den Rücken krümmen, sie können schlaflose Nächte bescheren und alle Kraft aufzehren, das Herz belasten, die Seele verdunkeln.

»Stresstest«, mir fällt da persönlich mancherlei ein: Krankheitsphasen, Verlust und Trauer, Entscheidungsnot, und Ihnen vermutlich auch. Schöne Erinnerungen, gute Erfahrungen sind das nicht oft.

Und doch gefällt es mir, das alte Wort des Jahres »Stresstest« – weil es tatsächlich von dem spricht, was uns bewegt und beschäftigt, und weil es zugibt, dass wir im Stress stehen. Wir sind unter Druck, immer und immer wieder, und wir müssen uns bewähren, müssen Entscheidungen treffen, vorangehen, ohne wirklich zu wissen, wohin, müssen das Leben wagen und uns einlassen, auf Menschen, auf Beziehungen, auf Fragen und Geheimnisse. Und auch unser Glaube steht im Test, wieder und wieder: Trägt er, hilft er abzuwägen, können wir drauf setzen, wenn zu entscheiden ist, gibt er Mut? Und Gott? Bewährt sich, was er zusagt; ist seine Nähe hilfreich, bringt mich sein Wort weiter?

Doch, es ist schon so: Die Banken hatten einen, der Bahnhof in Stuttgart hatte einen, ich hab einen, und Gott hat auch einen, seinen »Stresstest«. Es ist nicht unbillig und frech zu fragen, ob Gott sich bewährt, ob Gott, den wir sonntags feiern, auch alltags tauglich ist. Das muss er nämlich sein, wir brauchen einen Gott für alle Tage, einen Allerweltsgott, der nicht bloß im Großen und Ganzen spricht und handelt, sondern Stunde um Stunde, Tag um Tag, in die Kleinigkeiten unserer Tage hinein, in all das Handfeste hinein, das uns bewegt, bedrängt und beglückt. Auch im neuen Jahr, in den 365 Tagen, die vor uns liegen, werden wir ihn brauchen. Die werden sein »Stresstest« sein.

Also: Bewährt sich Gott?

Anders als bei den »Stresstests«, von denen wir gelesen haben, anders als bei Commerzbank, Eisenbahn und Einschaltquoten bekommen wir von Gottes »Stresstest« keine Zahlen, keine »belastbaren Ergebnisse«, wie es gerne heißt. Wir haben keine Prozente und Statistiken, wir haben nichts Zählbares in der Hand, wir haben nur: Erfahrungen.

Zuerst die Erfahrungen, die andere gemacht haben und die erzählt werden bis heute. Die Bibel ist voll davon. »Gott, wir haben mit unseren Ohren gehört, unsere Väter haben's uns erzählt, was du getan hast zu ihren Zeiten, in alten Tagen.« So beginnt der 44. Psalm, und er empfiehlt uns, uns zu erinnern. Was Gott getan hat, seinen Menschen zugute, von der Schöpfung an über den Auszug aus der Sklaverei und die Verheißung des Gelobten Landes bis zu Jesus, in dessen Angesicht Gott selbst zu sehen ist, all das, was uns erzählt wird auf den zwölfhundert Seiten der Heiligen Schrift, all das gilt und hat seine Bedeutung im Lauf der Jahrhunderte nicht eingebüßt. Darauf ist Verlass; auf all die Zusagen, Versprechen, auf allen Trost und alle Wegweisung können wir bauen. Und das behauptet die Bibel nicht nur, das haben unzählige Menschen vor uns und mit uns erlebt und erfahren. Und ich bin sicher, wir haben unsere ganz persönlichen Erfahrungen auch. Von Zeiten, da das Herz still wurde, obwohl alles drunter und drüber ging; von Augenblicken des Trostes für die weinende Seele; von Momenten, da wir uns geborgen wussten, auch wenn wir unsicher und mutlos waren. In der Tiefe habe ich immer wieder einmal gespürt, dass mein verworrener Weg ein Ziel hat, dass Gott mich begleitet und mir ab und an die Richtung gibt.

Tatsächlich, das lässt sich an Zahlen nicht festmachen, weder die Erfahrung der Altvorderen noch unsere eigene, und da ist auch nicht viel Spektakuläres, Wundersames und Medienwirksames dabei – eben weil Gott so alltagstauglich ist, eben weil Gott den »Stresstest« meines Alltags besteht, nicht mit Beifall und Brimborium, aber mit leiser Bravour – und ich kann leben, mein Leben gelingt, und ich muss mich nicht fürchten, vor dem Leben nicht und nicht vor dem Tod.

Und manchmal tu ich es doch. Es gibt Zeiten, da genügt mir der Glaube an einen stresstestbewährten Gott einfach nicht, da brauch ich eine helfende Hand, spürbar, hier und jetzt. Im vergehenden Jahr hab ich die gebraucht und im kommenden wird es wieder so sein. Ist er dann zur Stelle?

Der 44. Psalm, der so freundlich anhebt mit der Erinnerung an die guten alten Geschichten vom hilfreich-gegenwärtigen Gott, der schließt mit einer Mahnung, einem überaus deutlichen Aufruf: »Wache auf, Gott! Warum schläfst du? Mache dich auf, Gott, hilf uns!« Der Beter macht da, ohne Skrupel, ohne Bedenken, was wir auch können: Er vollzieht den »Stresstest«. Er setzt Gott unter Druck. »Du, Gott, hast dein Wort gegeben, hast deine Hilfe angeboten, hast dich mir zum Gesellen und Freund gemacht – dann handle auch so. Dann vergiss mich nicht, dann lass mich fühlen, dass du an meiner Seite bist.«

Und was macht Gott? Vielleicht haben Sie es mitbekommen, alle, die beim »Stresstest« nicht wirklich gut aussahen, die haben die Kriterien und Bedingungen kritisiert, die haben Gutachter in Frage gestellt, die haben sich irgendwie herausgeredet. Und was macht Gott?

Gott sagt: »Ja!« Einfach: »Ja, ich bin an deiner Seite. Schau nur genau hin, lausche in dein Jahr hinein, und du wirst es merken. Hab Acht auf leise Töne, auf einen sanften Hauch, lese, was zwischen den Zeilen deiner Geschichte steht. Im Stresstest deines Lebens bewähre ich mich, indem ich dich bewahre, von Anfang an, Tag für Tag, und am Ende auch.«

So, liebe Gemeinde, schauen wir getrost zurück auf ein »Stresstest-Jahr«, in dem wir nicht alleine waren, und so sehen wir nach vorn, getrost, weil Gott nicht von uns weicht.

Und – mag sein – in 365 Tagen, wenn ich des Jahres gedenke, das heute vor uns liegt und dann zu Ende ist, dann freu ich mich auch, spitzbübisch und beglückt und ganz ohne Eitelkeit, weil das neue Wort des Jahres, mein persönliches, in zwölf Monaten »Verlässlichkeit« heißt, oder »Gelassenheit«. Ich überlasse das dem verlässlichen Gott, dem bewährten.

Amen

𝄞 **Lied: Bewahre uns, Gott, behüte uns, Gott, ...**
(EG 171,1+4)

Liebe Gemeinde,
ich lade Sie herzlich ein zu einer Zeit des Gebetes und der Stille.

Wir kommen zu Gott mit der Fülle dieses vergehenden Jahres, mit allem, was uns beglückt und belastet hat, mit allem Hilfreichen und allem Herausfordernden. Und wir kommen mit der Hoffnung, dass der Gott, der die Zeit in Händen hat, uns trägt und bewahrt.

Mit Stein, Rose und Licht tragen wir Gott unsere Anliegen vor – bitte antworten Sie jeweils mit dem Kehrvers des Liedes: **Meine Zeit steht in deinen Händen** ... (EG Baden 644).

(Die Symbole Stein, Rose und Licht [Kerze] werden gut sichtbar auf dem Altar oder einem Tisch im Altarraum abgestellt, jeweils nach ihrer Nennung und beim Zwischengesang.)

Bitte lassen Sie uns miteinander beten:
Gott unserer Zeiten,
aus deinen Händen haben wir dieses Jahr genommen,
in deine Hände geben wir es zurück.

An manchem haben wir tragen müssen
wie an schweren Steinen,
an Abschied und Trauer,
an Krankheit und Schmerz,
an Mutlosigkeit und Zweifel.
In der Stille sagen wir dir, was uns zur Last geworden ist:

(Gebetsstille)

All das Schwere legen wir in deine Hand und wir vertrauen:

Meine Zeit steht in deinen Händen ... (EG Baden 644)

(dabei: Stein ablegen)

Vieles hat uns beglückt und wir haben gesungen, gelacht,
vor Freude und weil wir beschenkt wurden,
weil wir erfüllt waren von Worten und von Musik,
weil uns etwas gut von der Hand gegangen ist.
In der Stille sagen wir dir, was uns glücklich gemacht hat:

(Gebetsstille)

All unser Glück legen wir in deine Hand und wir vertrauen:

Meine Zeit steht in deinen Händen ... (EG Baden 644)

(dabei: Rose in Vase)

Ein neues Jahr liegt vor uns und wir hoffen,
dass manches besser wird, als es war,
dass wir freier atmen, aufrechter gehen können,
dass Friede einzieht und Streit ein Ende findet.
In der Stille sagen wir dir, worauf wir hoffen:

(Gebetsstille)

All unsere Hoffnungen legen wir in deine Hand und wir vertrauen:

Meine Zeit steht in deinen Händen ... (EG Baden 644)

(dabei: Licht entzünden)

Manches hat uns Angst gemacht
und wir waren verzweifelt,
weil wir uns keinen Rat wussten,
weil die Herausforderung zu groß,
der Druck zu mächtig war,
weil uns die Kraft ausging.
In der Stille sagen wir dir, wo uns der Lebensmut fehlte:

(Gebetsstille)

All das Schwere legen wir in deine Hand und wir vertrauen:

Meine Zeit steht in deinen Händen ... (EG Baden 644)

(dabei: Stein ablegen)

> *Vieles hat uns Mut gemacht*
> *und wir haben unsere Tage mit Lust gelebt,*
> *weil wir uns geliebt wussten,*
> *weil sich uns so viel Schönheit auftat*
> *und weil wir gespürt haben, dass du an unserer Seite bist.*
> *In der Stille sagen wir dir, wofür wir herzlich danken:*

(Gebetsstille)

All unser Glück legen wir in deine Hand und wir vertrauen:

Meine Zeit steht in deinen Händen ... (EG Baden 644)

(dabei: Rose in Vase)

> *Ein neues Jahr liegt vor uns und wir hoffen,*
> *dass sich all das Schöne und Liebevolle wieder einstellt,*
> *dass uns Mut und Zuversicht nicht ausgehen*
> *und dass wir an Glück und Herausforderungen wachsen.*
> *In der Stille sagen wir dir, worauf wir hoffen:*

(Gebetsstille)

All unsere Hoffnungen legen wir in deine Hand und wir
vertrauen:

Meine Zeit steht in deinen Händen ... (EG Baden 644)

(dabei: Licht entzünden)

All unseren Dank, jede Bitte, jeden Traum,
all unsere Hoffnung legen wir in das Gebet, das Jesus
gebetet hat:

Vaterunser

🎼 **Lied: Mögen sich die Wege ...**
  (Text und Melodie in: Wo wir dich loben, wachsen neue
  Lieder. Ein Angebot für die Gemeinden, Strube Verlag,
  München 2005)

Segen:
  All deine Zeit liegt in Gottes Hand,
  all deine Zeit ist geborgen bei ihm.
  All deine Zeit ist erfüllt von Gott,
  all deiner Zeit ist er nah.

  So segnet und behütet dich der Herr der Zeiten,
  der Vater, der Sohn und der Heilige Geist. Amen

Orgelnachspiel

Schneller, höher, weiter

Gottesdienst
zum Altjahrsabend

Schneller, höher, weiter.
Gottesdienst
zum Altjahrsabend

Orgelvorspiel

 Lied: Nun lasst uns gehen und treten ... (EG 58,1–5.7)

Votum – Amen

Begrüßung:
Ganz herzlich begrüße ich Sie zu einem Gottesdienst, in dem wir Rückschau halten auf dieses Jahr, in dem wir sammeln, was uns zugewachsen ist, in dem wir derer gedenken, denen wir begegnet sind. Es ist Zeit vor Gott, um eine kleine Bilanz zu ziehen. Und zwar eine Jahresbilanz »im olympischen Geist«.

Wir hatten ja ein Jahr mit lauter sportlichen Höhepunkten, begeisternden und fragwürdigen – so wie unser Leben ist: begeisternd und fraglich. Sehen wir noch mal hin, bedenken wir noch mal, was das alte Jahr uns gebracht hat und was das für unsere Zukunft bedeutet.

Der Gott, der uns begleitet, Jahr und Tag, der Herr der Zeiten, unser Gott, der sei mit euch – **und mit deinem Geist.**

Gott behütet uns – Psalmgebet im Wechsel (Psalm 121):

Der du die Zeit in Händen hast,
Herr, nimm auch dieses Jahres Last
und wandle sie in Segen.
Nun von dir selbst in Jesus Christ
die Mitte fest gewiesen ist,
führ uns dem Ziel entgegen.
(EG 64,1 – nach Melodie EG 363)

Liturg/Gemeinde im Wechsel:
Ich hebe meine Augen auf zu den Bergen.
Woher kommt mir Hilfe?
  Meine Hilfe kommt vom Herrn,
  der Himmel und Erde gemacht hat.
Er wird deinen Fuß nicht gleiten lassen,
und der dich behütet, schläft nicht.

Liturg:
Gott, meine Hilfe kommt von dir,
ich habe das erfahren in den vergangenen Monaten,
ich hoffe darauf in den kommenden.
Hab Acht auf mich, mein Gott.

Der du die Zeit in Händen hast ... (EG 64,1)

Liturg/Gemeinde im Wechsel:
Siehe, der Hüter Israels schläft
und schlummert nicht.
  Der Herr behütet dich;
  der Herr ist dein Schatten über deiner rechten Hand,

dass dich des Tages die Sonne nicht steche
noch der Mond des Nachts.
Der Herr behüte dich vor allem Übel,
er behüte deine Seele.
Der Herr behüte deinen Ausgang und Eingang
von nun an bis in Ewigkeit!

Liturg:
Gott, du behütest mich, Stunde um Stunde, Tag um Tag,
ich habe das erfahren in den vergangenen Monaten,
ich hoffe darauf in den kommenden.
Hab Acht auf mich, mein Gott.

Der du die Zeit in Händen hast ... (EG 64,1)

Ich spreche: Du bist mein Gott!
Meine Zeit steht in deinen Händen.

Ehre sei dem Vater ...

Bitte beten Sie mit mir:
Du hast die Zeit in Händen, mein Gott,
aber manchmal frag ich mich, was du damit machst.
Trägst du Sorge um die Zeit,
sodass sie gefüllt ist, voller Sinn und Glück,
oder lässt du sie zerrinnen in deinen Fingern,
und für mich fliegt sie davon,
ohne Ruhe, ohne Rast?
Pflegst du sie, die Zeit,
sodass sie sich entfaltet und Blüten treibt,
dass sie Frucht bringt,
oder gehst du unachtsam um mit der Zeit,

sodass sie verkommt
und Dunkelheit und Schmerz gebiert,
statt Freude und Mut?
Gott, nimm dich der Zeit an,
sei aufmerksam für die Tage und Stunden deiner Welt,
damit die dunklen Tage hell werden.
Das bitte ich dich, Gott, erbarme dich.

Kyrie (EG 178.10)

Gott hat sich unser erbarmt.
Hört, wie Gott uns tröstet:

Zuflucht ist bei dem alten Gott und unter seinen ewigen
Armen.

Ehre sei Gott in der Höhe – **und auf Erden Fried ...**

🎼 **Lied: Bevor die Sonne sinkt ...** (EG 491,1–4)

📖 **Predigt:** Schneller, höher, weiter

Na, es ist sportlich ja wirklich ganz ordentlich etwas los gewesen im vergangenen Jahr. Da wurde gelaufen und gedrib-
belt, in die Pedale getreten, geworfen, gehoben, geturnt und
geschwommen, geritten, gefochten, gerungen – gekämpft
wurde in jedem Fall, um Meisterschaften, Lorbeeren, Gelbe
Trikots und Goldmedaillen. Ein Sportjahr, mit Winterolym-
piade und Fußball-WM, wie es nicht so oft eins gibt. Und
erstaunliche Leistungen wurden gezeigt, tatsächlich erstaunliche und bewundernswerte – und auf die andere Art

erstaunliche, bei denen zum Erstaunen der Unglaube dazu-
kam ... und hier und da bekanntermaßen ja auch zu Recht.

Aber vielleicht wundern Sie sich jetzt auch: Warum, könnten
Sie fragen, soll's nun ausgerechnet am letzten Tag des Jahres
noch mal so sportlich werden, was hat denn der olympische
Geist, der im Titel dieses Gottesdienstes steht, was hat denn
der olympische zu tun mit dem Heiligen, der hier doch sonst
waltet und weht und das Sagen haben soll?

Ich glaube, dass ein solch sportbesessenes Jahr nicht ohne
Wirkung bleibt; und ich glaube, dass die Tatsache, dass ein
Millionen- oder Milliardenpublikum die WM, die Tour de
France und die Winterspiele verfolgt, dafür spricht, dass es
im Sport um Themen geht, die uns bewegen. Nationalstolz
mag ein solches Thema sein, das ist rund um die Olympiade in
Sotschi viel diskutiert worden; der Wunsch, Helden zu haben,
Männer und Frauen, zu denen ich aufschauen kann, mag eine
Rolle spielen; und das Leistungsprinzip gehört bestimmt dazu.
Heldinnen und Helden, die was leisten, die üben eine große
Faszination aus – und sind von den biblischen Heroen gar
nicht so weit entfernt, wie ich das gerne glauben möchte: So ein Simson, der Tempelsäulen umwirft und Seile wie
Bindfäden zerreißt, der wäre als Gewichtheber sicher zu ge-
brauchen gewesen; und Judith, die den Holofernes mit dem
Schwert tötete, die hätte als Fechterin keine schlechte Figur
gemacht. David ginge in jungen Jahren allemal als Zehn-
kämpfer durch und Moses verstand sich wohl auf den Mara-
thonlauf, 40 Jahre Wüste sind kein Pappenstiel!
Dem Ganzen setzt Paulus die Krone auf, der die Olympioni-
ken seiner Zeit sogar zum Vorbild für Christinnen und Christen macht, für einen christlichen Lebensstil:
Im 1. Korintherbrief (9,24) schreibt er recht unverblümt:
»Wisst ihr nicht: Die, die in der Kampfbahn laufen, die laufen

wohl alle, aber nur einer empfängt den Siegespreis? Lauft so, dass ihr ihn erlangt!« Das finde ich – ehrlich gesagt – etwas irritierend: Leistungsprinzip und Konkurrenz als Empfehlung für unseren Lebensstil, auf Sieg leben und alles dafür geben, alles Tun und Lassen daraufhin ausrichten, dass ich der Erste, Beste, der Schnellste, der Sieger und am Ende Lorbeerbekränzte bin. »Jeder, der kämpft, enthält sich aller Dinge – ich aber laufe nicht aufs Ungewisse; ich kämpfe mit der Faust, nicht wie einer, der in die Luft schlägt, sondern ich bezwinge meinen Leib«, schreibt Paulus weiter und sieht in uns wohl lauter kleine Usain Bolts und Höfl-Rieschs, lauter Klitschko-Brüder und -Schwestern.

Hat er das wirklich ernst gemeint?

Menschenleben als Leistungssport? Immer schneller, höher, weiter – damit es am Ende einen Wert hatte und sinnvoll war? Das ist nicht nur recht anstrengend – wir haben auch ab und zu schon gesehen, was dabei rauskommt. Wenn's nur um den Sieg geht und allein die Höchstleistung zählt und wenn ich zugleich meine begrenzten Möglichkeiten sehe, dann muss ich eben etwas nachhelfen, mit Geld oder Epo, mit unfairen Methoden und Rücksichtslosigkeit. Wenn nur zählt, was gewinnen lässt und mir Gewinn verspricht, dann kommen Doping-Touren und Finanzkrisen dabei heraus. Dann verfallen die Geldwerte und die moralischen Orientierungen schneller und schneller, dann wird die Zahl der Opfer in Wirtschaft und politischen Konflikten immer höher, dann gehen die Betrüger und die Machtpolitiker immer weiter, skrupellos.

Schneller, höher, weiter – das kann ein Teufelskreis werden, und wir haben im vergehenden Jahr wohl manche Teufelei erlebt, im Sport, in der Politik, in der Wirtschaft – und wie mancher auch in seiner ganz eigenen, seiner ganz persönlichen Geschichte. Das kann Paulus so nicht meinen – ein Menschenleben und das Zusammenleben von Menschen als Leistungssport, ist das der Geist, der uns leiten soll, in dem wir leben sollen? Nein, das glaube ich nicht.

Vom olympischen Geist, auf den Paulus anspielt, heißt es in der olympischen Hymne: »Uralter, unsterblicher Geist, wahrer Vater der Schönheit, der Größe, der Wahrheit, steig herab, offenbare dich ... in der Herrlichkeit deiner Welt.« Das ist sehr pathetisch, passt gut in die Zeiten *de Coubertins* – und ich höre das nicht ohne Sarkasmus, wenn ich bedenke, wie mit solchen Zeilen schon Schindluder getrieben wurde, 1936 in Berlin, zum Beispiel. Und sicher ist der olympische Geist nicht einfach der Heilige – aber er deutet etwas an, was dem Heiligen zutiefst entspricht!

»Vater der Schönheit, der Größe, der Wahrheit« wird der »alte, unsterbliche Geist« genannt – »der Heilige Geist, Gottes Geist« bezeugt, schreibt der sportbegeisterte Paulus in seinem Brief an die Römer (8,16), Gottes Geist »bezeugt uns, dass wir Kinder Gottes sind«! Sind wir seine Kinder, dann gehören uns Schönheit, Größe und Wahrheit schon längst an; dann müssen wir die nicht erst erkämpfen, laufend, schwimmend, mit den Fäusten oder mit Doping und Geld, mit Ruhm und Ehre, dann haben wir sie schon längst, von Geburt an. Wir werden nicht schön durch Leistung, wir sind es davor schon; wir werden nicht groß durch Lorbeer und Medaillen, wir sind es einfach; wir entdecken die Wahrheit, den Sinn unseres Lebens nicht durch Spekulation und Finanzoptimierung – es ist sinnvoll, von vornherein. So sagt's der Heilige Geist, und das wissen wir im Grund unseres Herzens auch, weil er's uns zuflüstert, Tag für Tag, und darum stehen wir dem Heldengehudele, der Leistungsschau und den Muskelspielen, die es im vergangenen Jahr gegeben hat, auch so misstrauisch gegenüber. Und darum erkennen wir in Paulus auch nicht den Verfechter des ungnädigen »Schneller-höher-weiter-Geistes«, sondern den freundlichen Mahner. Er mahnt uns, durchaus ernst, aber mit viel Ermutigung, er mahnt uns, aus Schönheit, Größe und Wahrheit, die uns innewohnen, etwas zu machen. Das leben, was wir sind – das ist christlich-olympischer Geist: das ausschöpfen, was uns gegeben ist, es nicht missachten, sondern nutzen, uns daran freuen, es ausleben und genießen und für andere einsetzen.

Die immer etwas belächelte Erkenntnis, dass dabei sein alles ist, hat hier ihre tiefe, tiefe Wahrheit. Die wahren Heldinnen und Helden von Olympia, das sind ja doch die, die ihr Bestes geben und keinen Blumentopf, geschweige denn einen Lorbeer gewinnen, und die doch glücklich sind, das alles erlebt zu haben.

Ausleben, was mir gegeben ist, dabei sein. Aber wie oft im vergangenen Jahr sind wir uns unserer Schönheit nicht bewusst gewesen, wie oft haben wir uns klein gefühlt, wie oft war uns der Sinn unseres Daseins fraglich. Wer bin ich schon, ich fühl mich winzig, was soll das alles denn?

»Dabei sein ist alles« – diese Weisheit gilt vor allem: für Gott selbst. Er ist dabei, mittendrin in unseren Läufen und Wettkämpfen, unseren Ausdauerstrecken, den Siegen und den Niederlagen. Er war dabei in diesem vergehenden Jahr, ob wir auf dem Siegertreppchen standen oder die Letzten in der Reihe waren, und er wird dabei sein, morgen wieder und alle Tage, ob's sportlich zugeht oder unfair. Er ist dabei – und damit ist schon alles gewonnen.

Er ist dabei – und wir sind bei ihm. Siegertypen also allesamt. Amen

 **Lied: Der du die Zeit in Händen hast ...** (EG 64,1–3.6)

Bitte beten Sie mit mir:
Zwischen den Gebetsbitten, nach den Momenten der Stille, werden Symbole für das abgelegt, was uns im vergangenen Jahr begegnet ist. Danach stimmen wir ein in das Lied »Ausgang und Eingang«, im Gesangbuch die Nummer 175. Es wird nicht als Kanon gesungen!
Bitte lassen Sie uns beten und still werden.

Am Ende dieses Jahres, mein Gott,
bin ich hier und sammle.
Ich sammle ein, was mich erfreut und beglückt hat,
ich sammle ein, was mich belastet und bedrängt hat,
sieh meine Tränen und sieh mein Lachen, Gott,
hör meine Klage und hör meinen Dank.

Vieles in diesem vergehenden Jahr, mein Gott,
vieles habe ich nicht verstanden,
und manchmal hab ich ein wenig begriffen
von deiner Liebe,
deiner Gegenwart.
Über Glauben und Verstehen,
über Fühlen und Denken hinaus geht deine Zuwendung.
Darauf verlasse ich mich.
Indem ich mich erinnere an das Vergangene,
verletzt und dankbar zugleich,
verzagt und hoffnungsfroh in einem,
bringe ich dir, was mich bewegt und berührt hat.

(Die Symbole Stein, Rose, Wasser, Brot usw. werden gut
sichtbar auf dem Altar oder einem Tisch im Altarraum

abgestellt, jeweils nach ihrer Nennung und beim Zwischengesang.)

Ich bringe dir einen Stein, mein Gott,
für alles, worüber ich gestolpert bin, was mich verletzte.

(Gebetsstille)

Herr, ich hoffe auf dich und spreche: Du bist mein Gott,
meine Zeit steht in deinen Händen.

Ausgang und Eingang ... (EG 175)

Ich bringe dir eine Rose, mein Gott,
für alle Liebe, die ich erfahren habe.

(Gebetsstille)

Herr, ich hoffe auf dich und spreche: Du bist mein Gott,
meine Zeit steht in deinen Händen.

Ausgang und Eingang ... (EG 175)

Ich bringe dir vom Wasser, mein Gott,
für jede Träne, die ich geweint habe.

(Gebetsstille)

Herr, ich hoffe auf dich und spreche: Du bist mein Gott,
meine Zeit steht in deinen Händen.

Ausgang und Eingang ... (EG 175)

Ich bringe dir ein Brot, mein Gott,
für jeden Tag, da du mir gabst, was ich brauchte.

(Gebetsstille)

Herr, ich hoffe auf dich und spreche: Du bist mein Gott,
meine Zeit steht in deinen Händen.

Ausgang und Eingang ... (EG 175)

Ich bringe dir ein welkes Blatt, mein Gott,
für die Menschen, die von mir gegangen sind.

(Gebetsstille)

Herr, ich hoffe auf dich und spreche: Du bist mein Gott,
meine Zeit steht in deinen Händen.

Ausgang und Eingang ... (EG 175)

Ich bringe dir eine Kerze, mein Gott,
für jedes Licht, das mir aufgegangen ist, für alles, was
ich gelernt habe.

(Gebetsstille)

Herr, ich hoffe auf dich und spreche: Du bist mein Gott,
meine Zeit steht in deinen Händen.

Ausgang und Eingang ... (EG 175)

Ich bringe dir ein schweres Holz, mein Gott,
für alles, was ich zu tragen hatte.

(Gebetsstille)

Herr, ich hoffe auf dich und spreche: Du bist mein Gott,
meine Zeit steht in deinen Händen.

Ausgang und Eingang ... (EG 175)

Ich bringe dir von rotem Wein, mein Gott,
für jede Freude, jedes Lachen, die mein Herz erhellten.

(Gebetsstille)

Herr, ich hoffe auf dich und spreche: Du bist mein Gott,
meine Zeit steht in deinen Händen.

Ausgang und Eingang ... (EG 175)

Ich bringe dir Ähren, mein Gott,
für die Ernte dieses Jahres, für Wohl und Wehe,
für Tränen und Glück.

(Gebetsstille)

Herr, ich hoffe auf dich und spreche: Du bist mein Gott,
meine Zeit steht in deinen Händen.

Ausgang und Eingang ... (EG 175)

Beten wir miteinander, wie Jesus gebetet hat:

Vaterunser

🎼 **Lied: Von guten Mächten ...**
(EG Bayern/Thüringen 637,5+6)

Segen:
Gott, der dich bewahrt hat bis heute,
er hat Acht auf dich.
Gott, der dich begleitet hat bis heute,
er lässt dich nicht allein.

So segnet und behütet dich der ewige Gott,
der Vater, der Sohn und der Heilige Geist.
Amen

Orgelnachspiel

Meine Zeit steht in deinen Händen

Gebet zum Jahresende

Meine Zeit steht in deinen Händen.
Gebet zum Jahresende

*(An Stelle des Fürbittgebets; im Altarraum wird ein Holz-
kreuz ausgelegt, auf dem Altar stehen kleinere Kerzen
und gut sichtbare Steine, die beim Gebet am Kreuz abge-
setzt bzw. abgelegt werden.)*

🎼 **Lied: Der du die Zeit in Händen hast ... (EG 64,1–3.6)**

Bitte beten Sie mit mir:
*Am Ende dieses Jahres, mein Gott,
bin ich hier und sammle.
Ich sammle ein, was mich bewegt und beglückt hat,
ich sammle ein, was mich belastet und bedrängt hat,
sieh meine Tränen und sieh mein Lachen, Gott,
hör meine Klage und hör meinen Dank.*

*Ich bin hier, Gott, mit all den Wegen, die ich gegangen bin,
gegangen, gerannt und gelaufen.
Manchmal ging mir der Atem aus,
manchmal hatte ich kein Ziel vor Augen,
wusste ich nicht ein noch aus.
Schau meine Wege an, Gott!*

Ich vertraue mich dir an:

Bewahre uns, Gott ... (EG 171,4)

(Beim Zwischengesang tragen zwei Mitarbeitende jeweils Licht und Stein zum Kreuz.)

Ich bin hier, Gott, mit all den Kämpfen,
die mich beschäftigt haben,
mit manchem Streit und mancher Versöhnung,
mit Auseinandersetzungen und den Wunden,
die ich davongetragen habe,
wo ich mich durchsetzen musste
und wo ich mir selbst im Wege stand.
Schau meine Kämpfe an, Gott!

Ich vertraue mich dir an:

Bewahre uns, Gott ... (EG 171,4)

(Beim Zwischengesang tragen zwei Mitarbeitende jeweils Licht und Stein zum Kreuz.)

Ich bin hier, Gott, mit den Tänzen, die ich getanzt habe,
wenn ich mein Leben beschwingt leben konnte,
wenn ich glücklich war
und mir die Aufgaben leicht von der Hand gingen.
Wenn ich morgens gerne den Tag begann
und abends zufrieden zurücksah.
Schau meine Tänze an, Gott!

Ich vertraue mich dir an:

Bewahre uns, Gott ... (EG 171,4)

(Beim Zwischengesang tragen zwei Mitarbeitende jeweils Licht und Stein zum Kreuz.)

Ich bin hier, Gott, mit meinen Zielen.
Mit denen, die ich verfehlt habe,
weil ich mich nicht genug bemüht habe
oder weil ich sie zu hoch gesteckt habe.
Und mit denen, die ich erreicht habe,
an denen ich gewachsen bin.
Schau meine Ziele an, Gott!

Ich vertraue mich dir an:

Bewahre uns, Gott ... (EG 171,4)

(Beim Zwischengesang tragen zwei Mitarbeitende jeweils Licht und Stein zum Kreuz.)

Hier bin ich, Gott, mit all meinen Lasten.
Mit denen, die mir zu schwer geworden sind,
an denen ich fast zerbrochen bin,
und mit denen, die ich bewältigt habe,
auf die ich mit Stolz zurückschaue,
weil mir etwas gelungen ist,
oder mit Erleichterung,
weil ich von ihnen befreit bin.
Schaue meine Lasten an, Gott!

Ich vertraue mich dir an:

Bewahre uns, Gott ... (EG 171,4)

(Beim Zwischengesang tragen zwei Mitarbeitende jeweils Licht und Stein zum Kreuz.)

Hier bin ich, Gott, mit meiner Kraft und meiner Ausdauer,
die so klein sind manchmal,
dass sie kaum bis zum Abend reichen.
Dann fühl ich mich schwach und verloren.
Und die so groß sein können manchmal,
dass ich weite Strecken zurücklegen kann,
dass ich durchhalte, was schwer und verletzend ist,
und mich und andere nicht verloren gebe.
Schau meine Ausdauer an, Gott!

Ich vertraue mich dir an:

Bewahre uns, Gott ... (EG 171,4)

(Beim Zwischengesang tragen zwei Mitarbeitende jeweils Licht und Stein zum Kreuz)

Hier bin ich, Gott, mit den Menschen,
mit denen ich zusammenlebe,
die mir verbunden sind und die ich liebe.
Viel haben wir gemeinsam getan,
gelacht, geweint, gesungen und geklagt;
und manchmal gab es Verletzungen, Zorn und Einsamkeit.
Und stark war unsere Liebe.
Schau die Menschen, mit denen ich lebe, Gott!

Ich vertraue mich dir an:

Bewahre uns, Gott ... (EG 171,4)

(Beim Zwischengesang tragen zwei Mitarbeitende jeweils Licht und Stein zum Kreuz.)

Hier bin ich, Gott, und die Welt um mich her,
Menschen im Krieg,
Menschen, die hilflos ausgeliefert sind,
der Gewalt im Nahen Osten,
der Seuche im südlichen Afrika,
dem Hunger, dem Durst, der Armut
und der Zukunftsangst,
der Umweltzerstörung und der Missernte
auf allen Kontinenten.
Mich belastet das sehr, und ich erschrecke
vor der Grausamkeit der Menschen,
vor der verheerenden Macht des Schicksals.
Schau die Menschen, schau deine Welt an, Gott!

Ich vertraue dir die Welt an:

Bewahre uns, Gott ... (EG 171,4)

(Beim Zwischengesang tragen zwei Mitarbeitende jeweils Licht und Stein zum Kreuz.)

(kurze Gebetsstille)

Beten wir miteinander, wie Jesus gebetet hat:

Vaterunser

Lied: Von guten Mächten treu und still umgeben ...
   (EG 65,1.2.5)

Kannitverstan
Gottesdienst
zum Neujahrsmorgen

Kannitverstan.
Gottesdienst zum Neujahrsmorgen

Orgelvorspiel

🎼 **Lied: Hilf, Herr Jesu, lass gelingen ...**
(EG 61,1.2.6 – nach Melodie EG 166)

Votum – Amen

Begrüßung:
Ganz herzlich begrüße ich Sie zum ersten Morgen im neuen Jahr und zum ersten Gottesdienst darin – dabei wünsche ich ein gelingendes Jahr und viel Mut, es zu beginnen, viele Überraschungen darin, und die rechte Neugierde, die Überraschungen auch zu entdecken.
Am 10. Mai 1760 wurde der Lehrer, Dichter, Pfarrer und erste Bischof der Badischen Landeskirche, Johann Peter Hebel, in Basel geboren. Mit ihm und in seinen Kalendergeschichten aus dem »Schatzkästlein des Rheinischen Hausfreundes« gibt es viel zu entdecken! Für heute hab ich seine wohl bekannteste Erzählung mitgebracht!

Der Gott, der uns nahe ist, der sich finden lässt, überraschend und ermutigend, unser Gott, der sei mit euch – und mit deinem Geist.

Er hat uns gemacht – Psalmgebet im Wechsel (Psalm 100):

Nun jauchzt dem Herren alle Welt!
Kommt her zu seinem Dienst euch stellt,
kommt mit Frohlocken säumet nicht,
kommt vor sein heilig Angesicht.

Erkennt, dass Gott ist unser Herr,
der uns erschaffen ihm zur Ehr,
und nicht wir selbst: durch Gottes Gnad
ein jeder Mensch sein Leben hat.
(EG 288,1+2)

Liturg/Gemeinde im Wechsel:
> *Jauchzet dem Herrn, alle Welt!*
> *Dienet dem Herrn mit Freuden,*
> > *kommt vor sein Angesicht mit Frohlocken!*
> *Erkennet, dass der Herr Gott ist!*

Er hat uns ferner wohl bedacht
und uns zu seinem Volk gemacht,
zu Schafen, die er ist bereit
zu führen stets auf gute Weid.

Die ihr nun wollet bei ihm sein,
kommt, geht zu seinen Toren ein
mit Loben durch der Psalmen Klang,
zu seinem Vorhof mit Gesang.

Dankt unserm Gott, lobsinget ihm,
rühmt seinen Namen mit lauter Stimm;

lobsingt und danket allesamt!
Gott loben, das ist unser Amt.
(EG 288,3–5)

Liturg/Gemeinde im Wechsel:
Er hat uns gemacht und nicht wir selbst
zu seinem Volk und zu Schafen seiner Weide.
Gehet zu seinen Toren ein mit Danken,
zu seinen Vorhöfen mit Loben;
danket ihm, lobet seinen Namen!
Denn der Herr ist freundlich, und seine Gnade währet ewig
und seine Wahrheit für und für.

Er ist voll Güt und Freundlichkeit,
voll Lieb und Treu zu jeder Zeit;
sein Gnad währt immer dort und hier
und seine Wahrheit für und für.

Gott Vater in dem höchsten Thron
und Jesus Christ, sein ein'ger Sohn,
samt Gott, dem werten Heilgen Geist,
sei nun und immerdar gepreist.
(EG 288,6+7)

Bitte beten Sie mit mir:
Du hast mich gemacht, mein Gott,
so gemacht, wie ich bin:
mit meinen Stärken, meinen Unzulänglichkeiten,
mit all der Lebenslust und all der Todtraurigkeit,
die nebeneinander wohnen in meiner Seele.
Du hast mich gemacht, über all die Jahre,
die ich lebe in meiner Zeit,

und immer noch formst und gestaltest du,
immer noch bin ich im Werden.
Hilf mir, Gott, zu sehen,
wo ich selbst Hand anlegen kann,
wo ich wachsen, mich entfalten kann,
und hilf mir, dir zu vertrauen, getrost zu leben,
wenn ich mir selbst entgleite.
Ich bin dein, Gott, darum fürchte ich nichts.
Mutig geh ich in meine Jahre, Tage, meine Zeit.
Darum bitte ich dich, Gott:
Erbarme dich!

Kyrie (EG 178.9)

Gott hört uns – und er lässt sich hören.
Und das ist es, was Gott uns zusagt:

Ich bin dein, Gott, meine Zeit steht in deinen Händen –
du lässt mich nicht zuschanden werden!

Ehre sei Gott in der Höhe – **und auf Erden Fried ...**

🎼 **Lied: Meine Zeit steht in deinen Händen ...**
   (EG Baden 644,1–3)

📖 Lesung: Johann Peter Hebel, Kannitverstan

Der Mensch hat wohl täglich Gelegenheit, in Emmendingen
und Gundelfingen so gut als in Amsterdam, Betrachtungen
über den Unbestand aller irdischen Dinge anzustellen, wenn
er will, und zufrieden zu werden mit seinem Schicksal, wenn

auch nicht viele gebratene Tauben für ihn in der Luft herumfliegen. Aber auf dem seltsamsten Umwege kam ein deutscher Handwerksbursche in Amsterdam durch den Irrtum zur Wahrheit und zu ihrer Erkenntnis. Denn als er in diese große und reiche Handelsstadt voll prächtiger Häuser, wogender Schiffe und geschäftiger Menschen gekommen war, fiel ihm sogleich ein großes und schönes Haus in die Augen, wie er auf seiner ganzen Wanderschaft von Duttlingen bis nach Amsterdam noch keins gesehen hatte.

Lange betrachtete er mit Verwunderung dies kostbare Gebäude, die sechs Schornsteine auf dem Dach, die schönen Gesimse und die hohen Fenster, größer als an des Vaters Haus daheim die Tür. Endlich konnte er sich nicht entbrechen, einen Vorübergehenden anzureden. »Guter Freund«, redete er ihn an, »könnt Ihr mir nicht sagen, wie der Herr heißt, dem dieses wunderschöne Haus gehört mit den Fenstern voll Tulipanen, Sternblumen und Levkojen?« Der Mann aber, der vermutlich etwas Wichtigeres zu tun hatte und zum Unglück gerade so viel von der deutschen Sprache verstand als der Fragende von der holländischen, nämlich nichts, sagte kurz und schnauzig: »Kannitverstan!«, und schnurrte vorüber. Dies war ein holländisches Wort oder drei, wenn man's recht betrachtet, und heißt auf Deutsch so viel als: Ich kann Euch nicht verstehen. Aber der gute Fremdling glaubte, es sei der Name des Mannes, nach dem er gefragt hatte. Das muss ein grundreicher Mann sein, der Herr Kannitverstan, dachte er und ging weiter.

Gassaus, gassein kam er endlich an den Meerbusen, der da heißt: Het Ey, oder auf Deutsch: das Ypsilon. Da stand nun Schiff an Schiff und Mastbaum an Mastbaum; und er wusste anfänglich nicht, wie er es mit seinen einzigen zwei Augen durchfechten werde, alle diese Merkwürdigkeiten genug zu sehen und zu betrachten. Bis endlich ein großes Schiff seine Aufmerksamkeit auf sich zog, das vor Kurzem aus Ostindien angelangt war und jetzt eben ausgeladen wurde. Schon standen ganze Reihen von Kisten und Ballen auf- und nebeneinander am Lande. Noch immer wurden mehrere herausgewälzt und Fässer voll Zucker und Kaffee, voll Reis und Pfeffer, und salveni Mausdreck darunter. Als er aber lange zugesehen hatte, fragte er endlich einen, der eben eine Kiste auf der Achsel heraustrug, wie der glückliche Mann heiße, dem das Meer alle diese Waren an das Land bringe. »Kannitverstan!«, war die Antwort. Da dachte er: Haha, schaut's da heraus? Kein Wunder, wem das Meer solche Reichtümer an das Land schwemmt, der hat gut solche Häuser in die Welt stellen und solcherlei Tulipanen vor die Fenster in vergoldeten Scherben.

Jetzt ging er wieder zurück und stellte eine recht traurige Betrachtung bei sich selbst an, was er für ein armer Teufel sei unter so vielen reichen Leuten in der Welt. Aber als er eben dachte: Wenn ich's doch nur auch einmal so gut bekäme, wie dieser Herr Kannitverstan es hat!, kam er um eine Ecke und erblickte einen großen Leichenzug. Vier schwarz vermummte Pferde zogen einen ebenfalls schwarz überzogenen Leichenwagen langsam und traurig, als ob sie wüssten, dass sie einen Toten zu seiner Ruhe führten. Ein langer Zug von Freunden und Bekannten des Verstorbenen folgte nach, Paar und Paar verhüllt in schwarze Mäntel und stumm. In der Ferne läutete ein einsames Glöcklein. Jetzt ergriff unsern Fremdling ein wehmütiges Gefühl, das an keinem guten Menschen vorübergeht, wenn er eine Leiche sieht. Er blieb mit dem Hut in den Händen andächtig stehen, bis alles vorüber war. Doch machte er sich an den Letzten vom Zug, der eben in der Stille ausrechnete, was er an seiner

Baumwolle gewinnen könnte, wenn der Zentner um zehn Gulden aufschlüge, ergriff ihn sachte am Mantel und bat ihn treuherzig um Excüse. »Das muss wohl auch ein guter Freund von Euch gewesen sein«, sagte er, »dem das Glöcklein läutet, dass Ihr so betrübt und nachdenklich mitgeht?« - »Kannitverstan!«, war die Antwort. Da fielen unserem guten Duttlinger ein paar große Tränen aus den Augen und es ward ihm auf einmal schwer und wieder leicht ums Herz. »Armer Kannitverstan!«, rief er aus, »was hast du nun von all deinem Reichtum? Was ich einst von meiner Armut auch bekomme: ein Totenkleid und ein Leintuch, und von all deinen schönen Blumen vielleicht einen Rosmarin auf die kalte Brust oder eine Raute!«

Mit diesen Gedanken begleitete er die Leiche, als wenn er dazugehörte, bis ans Grab, sah den vermeinten Herrn Kannitverstan hinabsenken in seine Ruhestätte und ward von der holländischen Leichenpredigt, von der er kein Wort verstand, mehr gerührt als von mancher deutschen, auf die er nicht Acht gab. Endlich ging er leichten Herzens mit den andern wieder fort, verzehrte in einer Herberge, wo man Deutsch verstand, mit gutem Appetit ein Stück Limburger Käse, und wenn es ihm wieder einmal schwerfallen wollte, dass so viele Leute in der Welt so reich seien und er so arm, so dachte er nur an den Herrn Kannitverstan in Amsterdam, an sein großes Haus, an sein reiches Schiff und an sein enges Grab.

(aus: Johann Peter Hebel, Schatzkästlein des rheinischen Hausfreundes. Kritische Gesamtausgabe mit Kalender-Holzschnitten, hg. v. W. Theiss, Philipp Reclam jun., Stuttgart 1999, S. 152-155)

Ansprache: Kannitverstan

Alle gute Gabe und alle vollkommene Gabe kommt von
oben herab, von dem Vater des Lichts. Amen

»Ich glaube nicht an Zufälle!«, sagt schon manchmal ein from-
mer Christ etwas kämpferisch und mit gestrengem Unterton,
wenn es um die rechte Gesinnung geht, um den Glauben, dass
alles, was uns im Leben begegnet, doch irgendwie von Gott her
kommen müsse. Gelenkt, geleitet, geführt von Gott ist unser
Schicksal, Jahr für Jahr; Gott ist schließlich allmächtig, allwissend, drum ist's nur folgerichtig, dass alles von ihm kommt. Alles Gute kommt von oben! Sagt der ernste, fromme Christ.
Was das angeht, liebe Gemeinde, bin ich gar nicht fromm.
Wissen Sie, ich glaube an Zufälle, zutiefst glaube ich, dass es
in unserem Leben Zufälle gibt: Tausende, und täglich gibt es
sie – Gott sei Dank. Unser Handwerksbursche aus Tuttlingen,
von dem Johann Peter Hebel erzählt, der erlebt es: Zufällig
kommt er an einem prachtvollen Haus vorbei, zufällig sieht
er im Hafen imposante Schiffe, durch Zufall begegnet ihm
ein Trauerzug – und gerade so zufällig, durch ein Missver-
ständnis, weil seine Gesprächspartner ihn nicht verstehen
und er sie nicht, zufällig gewinnt er tiefe Lebenserkenntnis.
Alles Zufall? Natürlich, denn der Erkenntnisgewinn fällt ihm
zu; er hat nicht danach gesucht, er hat ihn nicht besonders
verdient, er stolpert einfach so in die Szene – und entdeckt
etwas, das sein Leben zufrieden und gelassen macht. Es fällt
ihm zu, ohne Bedingung und Leistung.
Immer, wenn ich Hebels »Kannitverstan« lese, kann ich die
Zustimmung nicht verweigern. Ja, so ist das, das gibt's im Leben, so erfahr ich das auch, oft genug: Was tief und wichtig,

reich und glanzvoll ist, das fällt mir zu. Daran kann ich im Grunde nichts machen; es gelingt mir nicht, das Glück herbeizuzwingen, jede Entscheidung ist ein Wagnis, ich öffne mich der Liebe und der Freundschaft auf Hoffnung und gut Glück, ganz selten hab ich's in der Hand, hab ich im Griff, ob, was ich beginne, gut endet, ob, was ich erträume, eintrifft. Nun liegt ein Jahr vor uns – und was es bereithält, das wissen wir nicht, darauf haben wir nur geringen Einfluss. »Ich glaube nicht an Zufälle!« – im Gegenteil, das Leben ist voller Zufälle – das Leben fällt mir zu!

Dabei – Sie ahnen's ja – dabei muss das Wort »Zufall« richtig verstanden werden. »Zufall« heißt nicht: blindes Schicksal, Willkür des Kosmos oder völlig unbegründete Fügung. Nein, fällt mir etwas zu, dann ist da einer, der es mir zufallen lässt. Keiner aber, keiner, der allmächtig zuteilt, der Wohl und Wehe verteilt nach einem mächtigen, harschen und gerechten Plan, der allwissend, kalt lächelnd sieht, was der Mensch denkt, und es dann ganz anders lenkt.

Gott, der mir zufallen lässt, was das Leben wert und teuer macht, Gott liebt – und wer liebt, der teilt nicht zu, der setzt sich nicht einfach durch, der flicht mich nicht ein in einen großen Plan, der am Ende nichts zu tun hat mit mir, dessen Rädchen ich bin, ein Nümmerchen allenfalls. Gottes Zufall sieht so aus, dass ich etwas zu entdecken habe, dass mir die Augen auf- und übergehen, dass ich mich überraschen lassen kann davon – und meine Lehre ziehen, mein Glück entdecken, meine Hoffnung nähren kann. Da fällt mir etwas zu, da ist mir Erkenntnis in die Hand gegeben, da mache ich eine Gotteserfahrung – und dann ist's an mir, zu leben damit, mein Leben zu gestalten.

Hebels Handwerksbursche, der hat nicht begriffen, woher der Zufall kommt, er bleibt arglos – und so geht es uns ja auch oft genug. Da ist doch viel, was mein Leben bestimmt, Liebe und Freundschaft, Zufriedenheit und Erwartung, Sehnsucht und Traum – und ich kann nicht wirklich sagen, woher das kommt und wie es gewachsen ist. Da bin ich so ahnungslos wie unser Tuttlinger; ich steh vor einem Rätsel. Oder besser: vor einem Geheimnis.

Denn das ist das Geheimnis unseres Lebens: dass uns so viel Reichtum und Kraft zufällt, so viel Lebendigkeit – und wir wissen es nicht einmal, oft genug. Gott ist das Geheimnis unseres Lebens – wir verstehen es nicht, wir loten es in seiner Tiefe nicht aus, erfassen seine Weite nicht; und doch ist er da, ist er da und wirkt. »Kannitverstan«, ich kann nicht verstehen. Da stimme ich ein, ganz oft, und doch ist er da und wirkt.

Manchmal spür ich das auch. Johann Peter Hebel erzählt davon, auf ganz freundliche Weise. Was dem Tuttlinger Handwerker am Ende bleibt von seinem Sprachabenteuer in den Niederen Landen, das ist: »Zufriedenheit mit seinem Schicksal«. Und darauf zielen Gottes Zufälle, dass ich zum Frieden komme, gelassen durch meine Tage gehen kann. Und Hebel erzählt es mit wundervollem Humor; das fällt mir auch zu bisweilen, ein gottgegebenes Lachen, das mir das Herz erhellt und das die Seele befreit. Dann steh ich staunend in meiner Zeit, sehe mein Leben an und all den Reichtum darin, dann lache ich beglückt und denke: »Mein Gott, welch ein Zufall!« »Kannitverstan« – aber öffnen, öffnen kann ich mich dafür.
Amen

🎼 **Lied: Wir haben Gottes Spuren festgestellt ...**
   (EG Baden 665,1–3)

Bitte lassen Sie uns miteinander beten:
   Gott, weißt du, wir verstehen das nicht:
   Ein Menschenleben kann so kompliziert sein,

verflochten und unüberschaubar,
wir begreifen nicht,
woher wir kommen
und wohin es geht mit uns.
Aber wir vertrauen dir,
du verstehst es ja.
Wir rufen:

Herr, erbarme dich ... (EG 178.11)

Gott, wir wissen ja nicht,
wohin es für uns geht in diesem neuen Jahr,
ob unsere Träume wahr werden
oder unsere Pläne scheitern,
ob wir uns selbst gelingen.
Aber wir vertrauen dir,
du verstehst es ja.
Wir rufen:

Herr, erbarme dich ... (EG 178.11)

Gott, es ist uns völlig schleierhaft,
ob deine Welt noch eine Chance hat.
Ob die Meere, Flüsse und Seen wieder geheilt werden,
ob wiederkehren kann,
was verloren scheint:
Tiere und Pflanzen, Regenwälder und Gletscher.
Hörst du das Seufzen der Schöpfung?
Aber wir vertrauen dir,
du verstehst es ja.
Wir rufen:

Herr, erbarme dich ... (EG 178.11)

Gott, es ist uns ein Rätsel,
wie Frieden werden soll,
wenn so viele Menschen hassen,
so viele verblendet sind
von Macht, Politik und Religion.
Es muss doch Frieden werden!
Aber wir vertrauen dir,
du verstehst es ja.
Wir rufen:

Herr, erbarme dich ... (EG 178.11)

Gott, manchmal glauben wir das kaum,
dass wir Ruhe finden werden für unsere Seelen,
dass der Tod nicht das letzte Wort hat
und dass alles, was uns Schmerzen bereitet,
vergeht und einem Lachen weichen muss.
Aber wir vertrauen dir,
du verstehst es ja.
Wir rufen:

Herr, erbarme dich ... (EG 178.11)

Gott, dass du uns hörst,
darauf hoffen wir zaghaft,
danach sehnen wir uns.
In der Stille sagen wir dir,
was uns persönlich bewegt:

(Gebetsstille)

Aber wir vertrauen dir,
du verstehst es ja.
Wir rufen:

Herr, erbarme dich ... (EG 178.11)

Bitte lassen Sie uns beten, wie Jesus gebetet hat:

Vaterunser

🎼 **Lied: Der du die Zeit in Händen hast ...**
    (EG 64,1-3.6 – nach Melodie EG 363)

Segen:
    Gott sei vor dir, um dir den Weg zu weisen;
    Gott sei hinter dir, und du fürchtest dich nicht.
    Gott sei über dir, um dich zu bewahren;
    Gott sei neben dir, und du bist niemals allein.

    So segne und behüte dich Gott,
    der Lebendige und Liebevolle,
    der Vater, der Sohn und der Heilige Geist.
    Amen

Orgelnachspiel

Ganz frisch und neu
Gottesdienst
zum Neujahrsmorgen

Ganz frisch und neu.
Gottesdienst
zum Neujahrsmorgen

Orgelvorspiel

🎼 **Lied: Er weckt mich alle Morgen ... (EG 452,1.2.5)**

Votum – Amen

Begrüßung:
Es ist neues Jahr – und nun geht alles ganz neu los, ganz frisch und neu! Ich sage das eher mit einem Fragezeichen als mit Enthusiasmus. Stimmt es denn? Wir sind doch keine anderen als gestern, als man noch eine andere Jahreszahl schrieb. Was ist frisch und neu an diesem neuen Jahr? Oh, Sie werden es sehen!

Der Gott, der uns jeden Morgen schenkt, einen Neubeginn, Tag für Tag, unser Gott, der sei mit euch – **und mit deinem Geist.**

Gebet im Wechsel (nach Psalm 138):

Hilf, Herr Jesu, lass gelingen,
hilf, das neue Jahr geht an;
lass es neue Kräfte bringen,
dass aufs Neu ich wandeln kann.

Neues Glück und neues Leben
wollest du aus Gnaden geben.
(EG 61,1 – Melodie EG 166)

Ich danke dir von ganzem Herzen, mein Gott,
vor aller Welt will ich dein Lob singen.
Ich komme zu dir und bete dich an,
weil du gut bist und zu mir stehst.
Du hast Wort gehalten,
auf dich ist Verlass wie sonst auf keinen.

Hilf, Herr Jesu, lass gelingen … (EG 61,1)

Wenn ich dich suche, dann lässt du dich finden
und gibst meiner Seele große Kraft.
Ich danke dir, Gott, mit allen Wesen,
die du geschaffen hast,
mit all der Schönheit, die von dir zeugt.
Dir, dem großen Gott, bin ich nicht zu klein,
du nimmst mich an.

Hilf, Herr Jesu, lass gelingen … (EG 61,1)

Wenn ich ängstlich bin,
wenn mir der Mut ausgeht,
dann füllst du mich mit deiner Kraft,
dann trittst du ein für mich.
Deine Zuwendung hat kein Ende,
du lässt mich nicht im Stich.

Hilf, Herr Jesu, lass gelingen … (EG 61,1)

Wenn ich dich anrufe, so erhörst du mich
und gibst meiner Seele große Kraft.

Ehre sei dem Vater ...

Bitte beten Sie mit mir:
Manchmal wird mir schwindlig, mein Gott,
weil die Zeit so schnell vergeht,
weil ich kaum hinterherkomme.
Schon wieder ein neues Jahr,
schon wieder wechselt das Datum –
und ich weiß nicht, was auf mich zukommen wird,
so, wie ich es vergangenes Jahr nicht wusste,
wie ich alle Zeit nur aus deiner Hand empfangen kann,
im Vertrauen, dass du es gut mit mir meinst.
Gott, ich vertraue mich dir an –
bitte: Geh gut mit mir um!
Das bitte ich dich, Gott meiner Jahre: Erbarme dich!

Kyrie (EG 178.10)

Gott hört uns und er schweigt nicht.
Und das ist es, was Gott uns zusagt:

Gott erfüllt uns mit seiner Gnade,
sodass wir fröhlich sind unser Leben lang.

Ehre sei Gott in der Höhe – **und auf Erden Fried ...**

🎼 **Lied: Morgenglanz der Ewigkeit ... (EG 450,1)**

Bitte lassen Sie uns beten:

Lebendiger Gott, du heißt: der Ewige,
weil du jeder Zeit nah bist,
weil du alle Zeiten erfüllst mit deiner Gegenwart.
Dein Glanz legt sich auf jede Stunde,
deine Liebe strahlt durch jeden Augenblick.
Öffne unsre Augen dafür,
damit wir uns erwärmen lassen von dir.
Das bitten wir dich durch Jesus Christus,
der unser Bruder geworden ist
und der mit dir und dem Heiligen Geist lebt und wirkt
von Ewigkeit zu Ewigkeit.
Amen

📖 Lesung: Jesaja 61,1+2

Der Geist Gottes des Herrn ist auf mir, weil der Herr mich gesalbt hat. Er hat mich gesandt, den Elenden gute Botschaft zu bringen, die zerbrochenen Herzen zu verbinden, zu verkündigen den Gefangenen die Freiheit, den Gebundenen, dass sie frei und ledig sein sollen; zu verkündigen ein gnädiges Jahr des Herrn und einen Tag der Vergeltung unsres Gottes, zu trösten alle Trauernden.

Alle Morgen weckt er mir das Ohr,
dass ich höre, wie Jünger hören.
Hallelujah

Hallelujah ...

🎼 Lied: All Morgen ist ganz frisch und neu ... (EG 440,1-4)

Predigt: Ganz frisch und neu

Alle Morgen weckt er mir das Ohr, dass ich höre, wie Jünger hören. Amen

Hören wir auf Gottes Wort aus den Klageliedern des Jeremia, im 3. Kapitel, die Verse 23-26:

Gottes Barmherzigkeit ist alle Morgen neu, und seine Treue ist groß.
Der Herr ist mein Teil, spricht meine Seele; darum will ich auf ihn hoffen.
Denn der Herr ist freundlich dem, der auf ihn harrt, und dem Menschen, der nach ihm fragt.
Es ist ein köstlich Ding, geduldig sein und auf die Hilfe des Herrn hoffen.

Verleihnix, liebe Gemeinde – Sie kennen Verleihnix? Sie erinnern sich vielleicht: »Wir befinden uns im Jahr 50 v. Chr. Ganz Gallien ist von den Römern besetzt ... Ganz Gallien? Nein! Ein von unbeugsamen Galliern bevölkertes Dorf hört nicht auf, dem Eindringling Widerstand zu leisten.« Verleihnix ist der Fischhändler der Leute um Asterix und Obelix, und Verleihnixens Fische haben ein Markenzeichen: Sie duften, sie haben Mundgeruch, sie haben ein Geschmäckle, kurz: Sie sind nicht ganz frisch. Und weil der Dorfschmied Automatix das immer mal wieder anmerkt, gibt es im Gallierdorf regelmäßig eine zünftige Prügelei. Und Häuptling Majestix stürzt sich ins Getümmel, Druide Miraculix steht kopfschüttelnd dabei und wundert sich: »Kinder, Kinder!« Aber die Gallier brauchen das, um sich wohlzufühlen. Was brauchen wir, um uns wohlzufühlen, am Anfang eines neuen Jahres?

Eine frische Brise wär nicht schlecht, ein Neuanfang nach schweren oder mageren Zeiten, wenn das vergangene Jahr so gewesen ist. Wir haben es ja gewiss alle sehr unterschiedlich erlebt. Für manchen war das gerade vergangene Jahr ein Spaziergang, für andere ein harter Marsch; die eine hat Lieder gesungen auf dem Weg, der andere hat allen Grund zu düsteren Klagen. Wie immer es gewesen ist, nun alles »ganz frisch und neu«, wie wir eben im Lied gesungen haben, das wäre schon was, das ließe ich mir gefallen.

Aber so geht's halt nicht. Auch nach Silvester null Uhr sind wir die Alten geblieben: Was es an Geschmäckle und üblen Gerüchen im letzten Jahr gab, das haftet uns noch an. Die Mühe steht uns noch ins Gesicht geschrieben, die Herzen und Hände tun noch weh. In unserer persönlichen Geschichte ist das so und in der weiten Welt auch: Der Bombenterror im Nahen Osten hat kein Ende gefunden, die Bürgerkriege toben weiter und Hunderttausende werden vertrieben, fliehen vor Hunger und Tod. Da ist nichts »ganz frisch und neu« – die offenen Wunden unserer Zeit wurden vor Silvester nicht eben noch schnell geheilt.

Aber ich will nicht nur schwarzmalen: Es hat auch wunderbare Tage und Beglückendes gegeben, herrliche Ausblicke, tiefe Einblicke, Trost, Liebe, Freundschaft. Die dürften gerne viel mehr Raum haben im jetzt beginnenden Jahr – von den »köstlichen Dingen«, von denen Jeremia singt, darf es ruhig mehr geben! Die wären willkommen!

Aber so sind wir eben mit der ganzen Gemengelage von Wohl und Wehe, von Glück und Schmerz im neuen Jahr angekommen, als die, die wir geworden sind im Lauf der Jahre, mit unseren Grenzen und Möglichkeiten, ungebeugt wie die Gallier oder tief gebeugt vom Leben wie Leute, die zu schwer zu tragen haben, aufrecht und pfiffig wie Asterix oder gezeichnet und hart wie ein Hinkelstein. In der Weltgeschichte und in unseren ganz eigenen Lebensgeschichten, da wird nicht einfach alles neu und frisch, da fängt am 1.1. nicht einfach alles von vorne an.

Und das ist auch gut so. Denn nicht nur wir fangen nicht ganz von vorne an – Gott tut es auch nicht. Gott ist in diesem Jahr kein anderer, als er es im vergangenen war. Er ist der treue, der beständige Gott, auf den Verlass ist, der nicht von uns weicht. »Gott ist mein Teil«, singt Jeremia, also: Gott gehört zu mir und ich gehöre zu ihm, das gilt für alle Zeit und für jede Zeit, gestern, heute, morgen – und übermorgen auch noch. »Deine Treue ist groß«, heißt es im Lied des Jeremia. So groß ist sie, dass sie all unsere Jahre ausfüllt und umschließt. Die Worte »Treue« und »Vertrauen« haben denselben Ursprung – wenn Gott uns also treu ist, dann rechtfertigt er unser Vertrauen, dann ist er vertrauenswürdig über Jahr und Tag. Daran ändert sich nichts. Gut so, wir brauchen Gott auch nicht immer frisch und neu, wir brauchen ihn verlässlich, alltäglich verlässlich. Genau das ist er.

Das gibt unserem Leben eine bemerkenswerte Qualität. Denn wenn wir zum Herrn der Zeiten gehören, dann gehören wir nicht mehr der Zeit, dann sind wir nicht ausgeliefert: keinem blinden Schicksal, keiner Konstellation irgendwelcher Sterne und nicht den Zeitläuften, die uns hierhin und dorthin treiben könnten. Wir brauchen nicht zu fürchten, dass uns der Himmel auf den Kopf falle, wie das wackere Gallier so tun, dass irgendwann einmal aus und Ende ist und die Zeit uns den Faden abschneidet. Nein! Dass wir zum alltäglich verlässlichen Gott gehören, das ist unverbrüchlich, darum sind wir niemals Gefangene unserer Zeit und unserer Geschichten.

Ja, natürlich, wir sind über den Jahreswechsel hin, durch das Silvesterfeuerwerk und das Neujahrsgeläut hindurch die Alten geblieben – aber festgelegt sind wir nicht. Was zu schwer auf den Schultern liegt, kann abfallen; enge Herzen können weit werden, harte Gesichter weich und schön. Wunden können geheilt werden und Glück muss nicht einfach verfliegen. Die Hände und Füße müssen nicht müde bleiben und meine Träume dürfen bestehen, müssen nicht verwehen. Wir sind auf das Vergangene nicht festgelegt. Verbunden mit Gott, sind wir nicht gebunden an das, was war. Indem Gott sich treu ist und uns treu ist, indem er ganz der Alte bleibt, müssen wir dem Alten nicht verhaftet bleiben.

Merken Sie es? Da wendet sich das Blatt.

»Gottes Barmherzigkeit ist alle Morgen neu«, freut sich Jeremia, und im Lied vorhin haben wir gesungen:

»All Morgen ist ganz frisch und neu / des Herren Gnad und große Treu; / sie hat kein End den langen Tag, / drauf jeder sich verlassen mag.«

Weil Gott uns beständig treu bleibt, weil er uns unverbrüchlich nahe ist und mit seiner Liebe nicht von unserer Seite weicht, darum birgt jeder Tag, auch jeder Tag des eben angebrochenen Jahres, neue Chancen und neue Möglichkeiten. Wir können uns bei dem alten Gott bergen, wenn Geborgenheit nötig ist – aber wir können mit dem verlässlichen Gott auch aufbrechen, wenn Aufbruch geboten ist. Wir können das neue Jahr und jeden Tag darin mit einem feinen Lachen beginnen, weil wir zwar keine anderen Leute sind als Jahr und Tag davor – aber wir haben, Gott sei Dank, neue Erfahrungen, frische Herausforderungen, neue Perspektiven und frischen Mut vor uns.

Gott steht dafür ein. Und Jeremia kommentiert: »Das ist ein köstlich Ding!«

Wenn die unbeugsamen Gallier ihre Abenteuer bei den Goten, auf Korsika oder bei den Pikten bestanden haben, dann gibt es am Ende immer ein großes Bankett mit Wildschwein und Met. Die wissen zu feiern am großen, runden Tisch, und dann singen sie und erzählen sich, was sie erlebt haben auf großer Überfahrt oder bei den Olympischen Spielen. Ich finde, dem steht auch für uns nichts im Wege – wir haben auch zu erzählen, von »köstlichen Dingen«, von einem Gott, der uns treu ist und der uns Zukunft erschließt, täglich, alltäglich »ganz frisch und neu«.

Feiern wir das! Und ich schlage vor, heut sogar Troubadix einen Platz am Tisch des Herrn zu gewähren, denn Gottes Treue gilt allen, jedem und jeder von uns.

Beim Teutates! Na ja, oder besser: Amen

♫ **Lied: Wie schön leuchtet der Morgenstern ...**
   (EG 70,1.3.4)

Mit dem frischen Morgen nach der Nacht,
mit der Wärme nach dem Regen,
mit dem Lachen nach dem Streit,
mit dem guten Wort nach dem Schweigen
lädt Gott uns ein.
Lädt er uns ein an seinen Tisch,
damit er uns ermutige,
der treue, der beständige Gott.

Erhebet eure Herzen – **wir erheben sie zum Herrn.**
Lasst uns Dank sagen dem Herrn, unserm Gott – **das ist**
würdig und recht.

Ja, Gott, unser Gott, es ist gut und recht,
dir zu danken,
denn du bist für uns da,

mit weiten Perspektiven
mit neuen Lebensmöglichkeiten,
mit Aufbrüchen und Chancen,
wenn wir selbst schon aufgegeben haben.
Wir müssen nicht erstarren,
wir brauchen uns nicht entmutigen zu lassen,
du bist da, der Gott allen Anfangs,
der Schöpfergott mit seiner Fantasie für uns.
Dafür danken wir dir,
dafür singen wir dir das himmlische Lob:

Heilig, heilig ...

Unser Herr Jesus Christus in der Nacht, da er verraten
ward ...

Gepriesen seist du, unser Gott,
für das Brot, die köstliche Frucht der Erde
und der menschlichen Arbeit,
du sorgst für uns – immer von Neuem!

Desgleichen nahm er auch den Kelch nach dem Mahl ...

Gepriesen seist du, unser Gott,
für den Wein, die köstliche Frucht des Weinstocks
und der menschlichen Arbeit,
du schenkst uns ein Lachen – immer von Neuem!

Gepriesen seist du, unser Gott,
mit dem Gebet, das Christus gelehrt hat:

Vaterunser

Und sooft ihr von diesem Brot esst
und aus diesem Kelch trinkt,
verkündet ihr den Tod und die Auferstehung Christi,
bis er kommt in Herrlichkeit.

Christe, du Lamm Gottes …

Gott hat seinen Frieden gemacht mit uns, darum kann
auch Frieden sein unter uns.
Reichen wir uns zum Zeichen des Friedens die Hand zum
Friedensgruß!

Und nun kommt, denn es ist alles bereit.
Schmeckt und seht, wie freundlich unser Gott ist.

(Kommunion)

Bitte lassen Sie uns danken und miteinander beten:
Gott, vom Mahl an deinem Tisch
strahlt ein festlicher Glanz in unsere Tage,
der Duft nach Brot und Mut weht durch deine Welt,
das Lachen der Erlösten
klingt schon herüber in unsere Zeit.
Dass wir den Mut nicht wieder verlieren,
dass wir einstimmen können ins das Lachen,
dass dein Glanz uns begleite, darum bitten wir dich!

Die Einsamen umfange,
die Gebeugten richte auf.
Die Zweifelnden höre,
die Schwermütigen trage.
Die Gleichgültigen rüttle wach,

die Mutlosen heile.
Die Weinenden tröste
und die Sterbenden empfange.

Gott, vom Mahl an deinem Tisch
strahlt ein festlicher Glanz in unsere Tage.
Wir hüllen uns ein in dein Licht,
wir leben getrost.
Amen

 Lied: So wollst du nun vollenden ... (EG 446,7–9)

Segen:
Keinen Augenblick bist du ohne ihn,
keine Stunde bist du allein.
Schreite aus, er geht an deiner Seite.

So segnet und behütet dich Gott,
der Lebendige und Liebevolle,
der Vater, der Sohn und der Heilige Geist.
Amen

Orgelnachspiel

Alles so schön bunt hier!

Gottesdienst zum Epiphaniastag

Alles so schön bunt hier!
Gottesdienst zum Epiphaniastag

Orgelvorspiel

♫ **Lied: Wie schön leuchtet der Morgenstern ...**
(EG 70,1–3)

Votum – Amen

Begrüßung:
Viele Christen in der Welt feiern diesen Tag heute, den wir
das »Erscheinungsfest« nennen, als ihr Weihnachtsfest. Es
verbindet uns das Symbol des Lichtes, jenes Lichtes, das
in der Weihnacht erscheint, das über dem Stall steht und
den Weisen aus dem Morgenland den Weg weist – so wie
es uns führt und geleitet.
Wir öffnen uns dem Licht, wir tun uns auf und lassen uns
beleuchten.

Der Gott, der hieß das Licht aus der Finsternis hervor-
scheinen, der helle, strahlende Gott, der sei mit euch –
und mit deinem Geist.

Gott ist freundlich! Psalmgebet im Wechsel (Psalm 100):

Nun jauchzt dem Herren, alle Welt!
Kommt her, zu seinem Dienst euch stellt,
kommt mit Frohlocken, säumet nicht,
kommt vor sein heilig Angesicht. (EG 288,1)

Jauchzet dem Herrn, alle Welt!
Dienet dem Herrn mit Freuden,
kommt vor sein Angesicht mit Frohlocken!
Erkennet, dass der Herr Gott ist!
Er hat uns gemacht und nicht wir selbst
zu seinem Volk und zu Schafen seiner Weide.

Erkennt, dass Gott ist unser Herr,
der uns erschaffen ihm zur Ehr,
und nicht wir selbst: durch Gottes Gnad
ein jeder Mensch sein Leben hat. (EG 288,2)

Gehet zu seinen Toren ein mit Danken,
zu seinen Vorhöfen mit Loben;
danket ihm, lobet seinen Namen!
Denn der Herr ist freundlich,
und seine Gnade währet ewig
und seine Wahrheit für und für.

Er ist voll Güt und Freundlichkeit,
voll Lieb und Treu zu jeder Zeit;
sein Gnad währt immer dort und hier
und seine Wahrheit für und für. (EG 288,6)

Danket dem Herrn, denn er ist freundlich,
und seine Güte währt ewig.

Gott Vater in dem höchsten Thron
und Jesus Christ, sein ein'ger Sohn,
samt Gott, dem werten Heilgen Geist,
sei nun und immerdar gepreist. (EG 288,7)

Bitte beten Sie mit mir:
Hier bin ich, mein Gott,
ich bin zu dir gekommen, um zu danken.
Staunend steh ich vor deiner Güte,
deiner Freigebigkeit,
mit der du mich bedenkst Tag für Tag:
Du hütest meinen Schlaf,
du weckst mich am Morgen,
du tust den weiten Tag vor mir auf
und Schritt für Schritt bist du dabei.
Du segnest mein Tagwerk.
Und wenn ich zur Ruhe kommen muss,
dann birgst du mich.
In deinem sanften Licht
geh ich durch Nacht und Tag,
du bist der gute Stern,
der vertraute Mond,
die strahlende Sonne.
Ich sonne mich in deiner Freundlichkeit,
ich vertraue mich deiner lichten Güte an.
Ich bitte dich,
leuchtender Gott: Erbarme dich!

Advents-Kyrie (EG 178.6)

Gott hört uns und er schweigt nicht.
Und das ist es, was er uns zusagt:

Dem Gerechten muss das Licht immer wieder aufgehen
und Freude dem, der Gott vertraut.

Ehre sei Gott in der Höhe – **und auf Erden Fried und den
Menschen ein Wohlgefallen.**

🎼 **Lied: Jesus ist kommen, Grund ewiger Freude ...**
(EG 66,1.8)

📖 **Lesung:** Matthäus 2,1-12

Als Jesus geboren war in Bethlehem in Judäa zur Zeit des
Königs Herodes, siehe, da kamen Weise aus dem Morgenland
nach Jerusalem und sprachen:
Wo ist der neugeborene König der Juden? Wir haben seinen
Stern gesehen im Morgenland und sind gekommen, ihn an-
zubeten.
Als das der König Herodes hörte, erschrak er und mit ihm
ganz Jerusalem, und er ließ zusammenkommen alle Hohen-
priester und Schriftgelehrten des Volkes und erforschte von
ihnen, wo der Christus geboren werden sollte. Und sie sagten
ihm: In Bethlehem in Judäa; denn so steht geschrieben durch
den Propheten:
»Und du, Bethlehem im jüdischen Lande, bist keineswegs die
kleinste unter den Städten in Juda; denn aus dir wird kommen der Fürst, der mein Volk Israel weiden soll.«
Da rief Herodes die Weisen heimlich zu sich und erkunde-
te genau von ihnen, wann der Stern erschienen wäre, und

schickte sie nach Bethlehem und sprach: Zieht hin und forscht fleißig nach dem Kindlein; und wenn ihr's findet, so sagt mir's wieder, dass auch ich komme und es anbete. Als sie nun den König gehört hatten, zogen sie hin. Und siehe, der Stern, den sie im Morgenland gesehen hatten, ging vor ihnen her, bis er über dem Ort stand, wo das Kindlein war. Als sie den Stern sahen, wurden sie hocherfreut und gingen in das Haus und fanden das Kindlein mit Maria, seiner Mutter, und fielen nieder und beteten es an und taten ihre Schätze auf und schenkten ihm Gold, Weihrauch und Myrrhe.

Und Gott befahl ihnen im Traum, nicht wieder zu Herodes zurückzukehren; und sie zogen auf einem andern Weg wieder in ihr Land.

Es danken dir, Gott, die Völker,
es danken dir alle Völker.
Hallelujah

Hallelujah …

🎼 **Lied: Auf Seele, auf und säume nicht … (EG 73,1.3–5)**

Predigt. Alles so schön bunt hier!

(Vor der Predigt die Gemeinde darauf hinweisen, dass der Kanon »Mache dich auf und werde licht« [EG 545] während der Predigt gesungen wird, daher: Bitte Gesangbücher bereithalten!)

Dein Wort, mein Gott, ist meines Fußes Leuchte, und ein Licht auf meinem Weg. Amen

Wir hören auf Gottes Wort, aus dem Buch des Propheten Jesaja, im 60. Kapitel, die Verse 1-5:

Mache dich auf, werde licht; denn dein Licht kommt, und die Herrlichkeit des Herrn geht auf über dir! Denn siehe, Finsternis bedeckt das Erdreich und Dunkel die Völker; aber über dir geht auf der Herr, und seine Herrlichkeit erscheint über dir.
Und die Heiden werden zu deinem Lichte ziehen und die Könige zum Glanz, der über dir aufgeht.
Hebe deine Augen auf und sieh umher: Diese alle sind versammelt und kommen zu dir. Deine Söhne werden von ferne kommen und deine Töchter auf dem Arme hergetragen werden. Dann wirst du deine Lust sehen und vor Freude strahlen, und dein Herz wird erbeben und weit werden, wenn sich die Schätze der Völker am Meer zu dir kehren und der Reichtum der Völker zu dir kommt.

Poesie, liebe Gemeinde, Poesie ist das, was offene Weite schafft. Poesie, Lieder, Gedichte, Erzählungen – die machen Wege auf, stellen Bilder zur Verfügung, Bilder, die nicht zuschließen, nicht eingrenzen, die vielmehr aufbrechen, die Phantasie und Träume und Visionen ermöglichen. Poesie stellt mich auf weiten Raum und lädt mich ein, vom Duft der Worte, vom Geschmack der Bilder zu kosten und hier und da ein Schrittchen zu wagen, um Neues zu entdecken, um mich überraschen zu lassen.

Ich sage das, weil die Bibel ein so poetisches Buch ist, weil Jesaja fast noch mehr Poet als Prophet ist – oder vielleicht gehören sie ja auch zusammen, die Dichtkunst und die Klarsicht – und weil kaum einer in der langen Geschichte der Bibelübersetzungen so einfühlsam poetisch, so eindrücklich kunstvoll und so dicht übersetzt hat, wie Martin Luther es tat. Les ich solche Zeilen wie heute, dann weiß ich, warum ich Luthers Sprache liebe.

Und ich will heute einfach mal an der bleiben, an Luthers Sprache und an ihrer Poesie, ganz abgesehen von dem, was andere Übersetzungen, was die Legion an gelungenen und missratenen Übertragungen sonst noch zu bieten hat, und abgesehen sogar von der hebräischen Urfassung, die natürlich eine Dichtung für sich ist. Ich bleibe an Luthers Worten, das sei einem Sprachverliebten für heute einmal erlaubt. »Mache dich auf und werde licht; denn dein Licht kommt!« Das ist der Satz, der's mir angetan hat. Lassen Sie uns den einmal singen, zur Verinnerlichung!

Gemeinde: Mache dich auf und werde licht …
(EG Baden 545)

Mache dich auf – starke Poesie Martin Luthers, weil der Aufruf, der Appell so schillernd ist und uns darum angeht, so oder so. Mache dich auf – das kann zum einen heißen: Komm, steh auf, werde wach, brich auf, setze deine Schritte und wage den Weg in den Tag. Das kann ich mir gut vorstellen, wie Jesaja es den müden Schläfern zugerufen hat, den Trägen und Mutlosen, den Gleichgültigen und Faulen, wie sie in königlichen Palästen oder in paradiesischen Oasen liegen, zufrieden mit sich selbst, satt von der Welt, lustlos, antriebslos. Sie gibt's doch heute noch – und manchmal erschreck ich und ertapp mich selbst dabei –, die Selbstgerechten, die sich eingerichtet haben in ihrer Bürgerlichkeit, die zufrieden sind mit einer wohlfeilen Anständigkeit, die in Ruhe gelassen werden wollen und deren Kreise keiner stören soll. Diese Lustlosigkeit aber, diese schale Zufriedenheit, die nennen Luther und Jesaja: Finsternis und Dunkel. Offensichtlich fehlt da was, wenn ich lieber an Ort und Stelle und liegen bleibe, wenn ich die Ruhe höher schätze als die Leidenschaft, wenn mir die Bequemlichkeit mehr gilt als die Beweglichkeit. Da fehlt was, da fehlt das Licht, im Dunkeln verharre ich bloß, im Licht aber, da lebe ich, herrlich sogar, glänzend, dichtet Luther.

Mache dich auf – das meint zum andern aber auch: Öffne dich, tu die Arme auf, erschließ dein Herz, weite die Seele, heb den Blick, sei ganz Ohr. Mache dich auf – sei aufmerksam, hör, lausche, schau hin, sei achtsam.

Neben den einen Appell: aufzustehen, tritt der andere: aufzumerken. Wer aufmerkt, die und der lebt in Erwartung. Da ist noch was, da kommt noch was, mein Leben ist nicht zu Ende, hat seine Grenze nicht an dem kleinen Horizont, den ich ermessen kann. »Die Herrlichkeit des Herrn geht auf über dir!«; »Licht und Glanz gehen auf über dir!« Jesaja und Luther verwenden die poetischen Bilder der Morgenröte, des anbrechenden Tages. Der Silberstreif der Hoffnung am dunklen Wolkenhimmel, die aufsteigende Sonne nach einer stürmischen Nacht – und dann ist Friede, dann keimt Mut auf, dann spür ich die erste Wärme auf der Haut und irgendeine Amsel singt mich in einen verheißungsvollen Tag. Es war der Karmel und nicht der Feldberg, der Brocken oder die Zugspitze, hinter dem die Sonne aufging, vielleicht war es ein Feld vor Jerusalem und nicht das Rheinufer, die Elbwiesen, die vom ersten Licht geschmeichelt wurden – aber die Erfahrung ist noch dieselbe: So geht es, wenn Gott kommt – er tut wohl, er weckt die Lebensgeister, er macht frischen Mut. Ich brauch mich nur aufzutun dafür!

Mache dich auf und werde licht, denn dein Licht kommt. Hören wir noch mal hin, singen wir den Vers noch einmal miteinander:

Gemeinde: Mache dich auf und werde licht …
(EG Baden 545)

Werde licht. Ich glaube, das heißt etwas ganz anderes, als auf den ersten Blick zu verstehen ist. Ich stelle mir vor, wir würden licht, jede/jeder Einzelne, und die Gemeinde, die Kirche – wir würden licht, und um es noch genauer zu fassen: »Licht« wäre in diesem Satz ein Substantiv, ein Hauptwort, und so wären wir in der Hauptsache: Licht, Helligkeit, Glanz und Gloria. Das geschähe dann: Die Leute wären geblendet! Sie könnten wohl unser Strahlen bewundern, aber sehen, entdecken, erkennen könnten sie nichts. Sie müssten den Blick senken vor uns, um nicht blind zu werden, so, als schauten sie in die Sonne. Und das glaub ich nicht, dass Gott uns als Blendwerk, als Gleißnerei und Strahlemänner und -frauen will. Die Leute um uns her, die Menschen mit ihren Fragen, ihrem Schmerz, ihrer Sehnsucht, die hätten doch von Glanz und Glast nicht viel, rein gar nichts, um abermals genau zu sein.

Was will Gott dann? Werde licht? Was ist dann gemeint? Die großen Worte unsrer Zeilen sind die letzten drei: Dein Licht kommt. Und was geschieht, wenn Licht kommt? Was ereignet sich, wenn Gott uns anstrahlt, anlacht, erhellt? Sehr einfach, wie's immer ist, eine physikalische Notwendigkeit, ganz natürlich: Das Licht bringt die Farben zum Leuchten. Wenn Licht kommt, sind Farben da; wenn Gott kommt, dann leuchten wir in all unserer Buntheit! Alles so schön bunt hier! Was sich ereignet, ist also nicht, dass wir Glorien- und Heiligenscheine bekommen – das blendet die Menschen und zieht sie nicht an –; was sich ereignet, ist, dass wir menschlich werden, farbenprächtig, in all unseren Schattierungen und Nuancen, im feinen Schillern und in lockender Brillanz – liebevoll rot, hoffnungsfroh grün, himmelweit blau und sonnenwarm gelb und farbig und bunt in all den menschlichen Mischungen und Paletten. So werden wir anziehend und ansprechbar: Bunte Menschen für die bunte Menschheit in all ihrer Farbenpracht, all ihrem Farbenelend. Mache dich auf – und werde licht. Und es mag noch etwas ganz Subtiles gemeint sein. Die Worte »licht« und »leicht«, die gehören zusammen. Wenn sich der Nebel lichtet, dann wird es mir leicht ums Herz; und ganz leicht, ganz fröhlich geh ich in den Tag, wenn die Morgensonne ihn erhellt. Mache dich auf und werde – leicht. Ich höre das als einen Appell gegen die Behäbigkeit, gegen Trauermienen und Sauertöpfigkeit. Gottes Leichtigkeit wider den tierischen Ernst, wider dieses Teufelchen Kleinmut, das mir bisweilen in der Seele hockt und Pessimismus pflanzt.

Werdet leicht – für eine Gemeinde, für die Kirche heißt das wohl: Freundlichkeit statt Erwartung, dass wir die, die uns begegnen, begrüßen, willkommen heißen – und nicht gleich etwas wollen von ihnen; dass wir hören, wie Menschen sich selbst und ihren Glauben verstehen – und dass wir sie nicht gleich an unseren Einsichten messen; dass wir unsere Herkunft, unsere Traditionen nicht auf die leichte Schulter, aber doch etwas leichter nehmen, und lernbereit sind, neugierig, und vielleicht sogar etwas Wagemut an den Tag legen, den Wagemut, sich von Gott überraschen zu lassen.

Steh auf, tu dich auf, werde bunt und nimm dich leichter – so erschließt sich mir die lutherische Poesie.

Nehmen wir sie noch mal beim Wort und auf die Zungen, singen wir sie noch mal:

Gemeinde: Mache dich auf und werde licht ...
(EG Baden 545)

So erschließt sich die Poesie Martin Luthers und Jesajas – wir freilich werden aufgeschlossen dafür nur dann, wenn die Hauptworte stimmen: »Denn dein Licht kommt, und die Herrlichkeit des Herrn geht auf über dir!«

Die aber stimmen, Gott steht selber ein dafür. Das liegt nicht in unserer Hand – Gott aber kommt, strahlend, in seiner Schönheit und Buntheit, wie die Morgensonne, wie der neue Tage, ganz gewiss; er sagt es, und er sagt es zu. Und wenn Gott es zusagt, dann sind auch die Grenzen der Poesie erreicht, weil's an Gottes Versprechen nichts mehr zu deuten und zu deuteln gibt. Er sagt's – er kommt, unser Licht.

Amen

🎼 **Lied: Du höchstes Licht, du ewiger Schein ...**
    (EG 441,1–5 – nach Melodie EG 440)

Gott lässt sein Licht aufstrahlen
und küsst unsere Farben wach –
er freut sich unserer Buntheit.
In all unserer Farbenpracht sind wir eingeladen
an seinen Tisch.

Erhebet eure Herzen – **wir erheben sie zum Herrn.**
Lasst uns Dank sagen dem Herrn, unserem Gott – **das ist würdig und recht.**

Ja, Gott, unser Gott, wir danken dir,
danken dir für dein Licht,
das in der Nacht aufstrahlt und unsere Tage anbrechen lässt,
dein Licht,
an dem wir uns erwärmen,
das uns Gesichter und Herzen erhellt.

Du bist der Gott an unserer Seite –
Lampe in der Nacht,
Hoffnung der Suchenden,
Arzt der Blinden,
du bist der Gott, der um uns weiß,
der Schatten und Licht kennt.
Dafür danken wir dir,
danken wir dir mit allem, was du erschaffen hast.
Und mit dem glitzernden Schnee,
dem Sonnenaufgang,
mit dem Leuchten der Quelle,
den Farben des Waldes,
mit Lichtspiel und Leuchtkäfer
stimmen wir ein in den himmlischen Lobgesang:

Heilig, heilig ...

Unser Herr Jesus Christus in der Nacht, da er verraten
ward ...

Gepriesen seist du, unser Gott, für das Brot,
Frucht der Erde und der menschlichen Arbeit,
das in deinem Licht gewachsen ist.

Desgleichen nahm er auch den Kelch nach dem Mahl ...

Gepriesen seist du, unser Gott, für den Wein,
Frucht des Weinstocks und der menschlichen Arbeit,
der von deiner Freude leuchtet.

Gepriesen seist du mit dem Gebet, das Jesus gebetet hat:

Vaterunser

Und sooft ihr von diesem Brot esst
und aus diesem Kelch trinkt,
verkündet ihr den Tod und die Auferstehung Christi,
bis er kommt in lichter Herrlichkeit, uns zugute.

Christe, du Lamm Gottes ....

Gott hat seinen Frieden gemacht mit uns,
darum kann, darum soll auch Friede sein unter uns.
Bitte grüßen wir einander mit dem Friedensgruß:
»Der Friede des Herrn sei mit dir!«

Und nun kommt, denn es ist alles bereit.
Schmeckt und seht, wie freundlich unser Gott ist!
Wohl dem, der sich auf ihn verlässt.

(Kommunion)

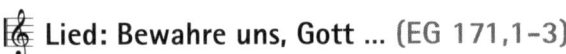 **Lied: Bewahre uns, Gott** ... (EG 171,1–3)

Segen:
Gott sei vor dir – das Licht, das dich führt.
Gott sei über dir – das Licht, das dich erleuchtet.
Gott sei neben dir – das Licht, das dich geleitet.
So segne und behüte dich
der lebendige und liebevolle Gott,
der Vater, der Sohn und der Heilige Geist.
Amen

Orgelnachspiel

Lichtquellen – Kerzenschein, Glühbirne, Scheinwerfer, Flutlicht

Meditation zum Epiphaniastag

Lichtquellen – Kerzenschein, Glühbirne, Scheinwerfer, Flutlicht.

Meditation zum Epiphaniastag

Die Meditationen können in einen Gottesdienst zum Epiphaniastag eingefügt werden (anstelle von Predigt und Gebet) oder auf zwei oder vier Andachten um den Epiphaniastag herum verteilt werden. Hilfreich ist es, die vier Elemente zur Anschauung vor Ort zu haben:

Kerzenschein: *eine oder mehrere Kerzen auf oder vor dem Altar*

Glühbirne: *eine Reihe von Glühbirnen oder entsprechende Lampen*

Scheinwerfer: *ein Bauscheinwerfer (in jedem Baumarkt günstig zu erstehen)*

Flutlicht: *anstelle des Sportplatzlichtes ein oder mehrere Deckenfluter*

Wie schön leuchtet der Morgenstern
voll Gnad und Wahrheit von dem Herrn,
die süße Wurzel Jesse.
Du Sohn Davids aus Jakobs Stamm,
mein König und mein Bräutigam,
hast mir mein Herz besessen;
lieblich, freundlich,

schön und herrlich,
groß und ehrlich, reich an Gaben,
hoch und sehr prächtig erhaben.

Von Gott kommt mir ein Freudenschein,
wenn du mich mit den Augen dein
gar freundlich tust anblicken.
Herr Jesu, du mein trautes Gut,
dein Wort, dein Geist, dein Leib und Blut
mich innerlich erquicken.
Nimm mich freundlich
in dein Arme und erbarme dich in Gnaden;
auf dein Wort komm ich geladen.
(Philipp Nicolai – siehe EG 70)

»Von Gott kommt mir ein Freudenschein«, ruft Philipp Nicolai begeistert in seinem »geistlichen Braut-Lied der gläubigen Seelen« von 1599, in allem Überschwang des frühen Barock. Er war ergriffen von seiner »Perle«, der »werte(n) Kron«, vom hellen »Jaspis und Rubin«, der »Flamme« seiner – also Jesu – Liebe.

Ein durch und durch lichtes Gedicht ist dieses Brautlied, da steht einer im Licht, lässt sich entflammen, glüht in derselben Liebe, mit der er geliebt wird.

Wie sieht er aber nun aus, der Freudenschein, der am Epiphaniastag, am Erscheinungsfest, besonders gefeiert wird? Wie erscheint das Licht, das da – von Weihnachten her – ins neue Jahr strahlt? Ist es »Lieblich / freundlich / schön und herrlich / hoch und sehr prächtig erhaben«, wie Philipp Nicolai in der ersten Strophe des Liedes singt, oder hat es Nuancen, Schattierungen, ein Farbenspiel? Die Frage sei erlaubt, denn nicht jedes Licht ist uns hilfreich, nicht jedes Licht hilft uns zu leben! Das grelle Sonnenlicht verbrennt die Haut, im Licht eines Operationssaals aufzuwachen kann ein Schrecken sein, Mondlicht im Nebel ist trügerisch, das Blaulicht des Rettungswagens bedeutet Lebensgefahr, das Fernlicht eines entgegenkommenden Autos kann so blenden, dass wir von der Straße abkommen. Licht ist nicht gleich Licht.

Welches Licht hat Gott für uns, wie scheint er auf, er, der das »Licht der Welt« heißt?

Schauen wir vier Lichtquellen an – und hören wir, was sie uns über den schönen «Morgenstern« verraten. Wir schauen auf den Kerzenschein, die Glühbirne, auf den Scheinwerfer und das Flutlicht. Vier Lichtquellen sind das, denen wir fast alltäglich begegnen, die zu unserer alltäglichen menschlichen Erfahrung gehören.

1. Von Gott kommt mir – ein Kerzenschein
📖 Lesung: 2. Korinther 4,6

Gott, der sprach: Licht soll aus der Finsternis hervorleuchten, der hat einen hellen Schein in unsre Herzen gegeben, dass durch uns entstünde die Erleuchtung zur Erkenntnis der Herrlichkeit Gottes in dem Angesicht Jesu Christi.

Kerzen haben ihren festen Ort in der Advents- und Weihnachtszeit. »Lass warm und hell die Kerzen heute flammen, die du in unsre Dunkelheit gebracht«, singen wir mit Dietrich Bonhoeffer zum Jahreswechsel (vgl. EG 65), und am Erscheinungsfest werden noch einmal die Kerzen am Weihnachtsbaum im Wohnzimmer und in der Kirche entzündet. Und auch sonst, das Jahr über, sind Kerzen im Gebrauch: Geburtstagskerzen, Tauf- und Hochzeitskerzen, wenn Gäste kommen und es gemütlich werden soll, zur Besinnung morgens und abends. Kerzen stehen für Ruhe, Beschaulichkeit, Innigkeit. Und Kerzen tun etwas mit mir. Sie nehmen mich ein wenig heraus aus der grellen, geschäftigen Zeit, sie konzentrieren mich – so, wie sie keinen großen, weiten Lichtstrahl aussenden, sondern mich hineinnehmen in einen kleinen Kreis aus warmem Licht.

Von Gott kommt mir ein Kerzenschein!
Wie das Licht einer Kerze,
so leuchtet Gott in unser Leben hinein.
Es leuchtet auf in der Finsternis
und drängt das Dunkle zur Seite.
Die Dunkelheit verschwindet nicht,
es ist nicht auf einmal alles hell und gut –
nein, aber das Dunkle verliert seinen Schrecken.
Ein warmer Schein erfüllt den Raum,
meinen Lebens-Raum,
ich wende mich der Kerze zu und spüre,
dass Gott meine Mitte ist,
meine lichte Lebens-Mitte.

Das Bild vom Kerzenschein hat aber eine Grenze:
Jede Kerze brennt einmal aus,
ein starker Luftzug kann sie auslöschen,
mangelt es an Sauerstoff, wird die Flamme erstickt.
Leicht kann ich die Kerze selbst ausblasen.
Der Kerzenschein, der von Gott kommt,
vergeht nicht!

Gebet:

Mein Gott,

leuchte in mein Leben, in meine Tage hinein,

damit ich mich nicht fürchte vor der Dunkelheit –

vor der, die in mir ist, vor der, die um mich ist.

Das kleine Licht der Hoffnung,

das mir Mut macht: Bitte, bewahre es!

Amen

2. Von Gott kommt mir – der Schein einer Glühbirne

📖 **Lesung:** Hiob 29,1-3

Und Hiob hob abermals an mit seinem Spruch und sprach:
O dass ich wäre wie in den früheren Monden, in den Tagen, da Gott mich behütete,
da seine Leuchte über meinem Haupt schien und ich bei seinem Licht durch die Finsternis ging!

Das klingt – zugegeben – etwas ungelenk: Gott und eine Glühbirne? Einen alltäglicheren Gegenstand gibt es wohl kaum. Wir benutzen sie Tag für Tag, morgens und abends, und denken nicht viel dabei. An die Stromrechnung vielleicht. Oder wir ärgern uns, wenn das Flurlicht oder die Wohnzimmerlampe mal nicht funktionieren. Ab und zu muss die Birne gewechselt werden, und weil die alte Glühbirne nicht mehr gekauft werden kann, müssen Energiesparlampen her. Die muss ich ab und zu mal nachkaufen, aber viele Gedanken verschwende ich nicht daran. Obschon ich sie brauche, die Glühbirne, im

Spiegelschrank im Bad, im Herd, im Kühlschrank, in der Fahrradleuchte, in der Taschenlampe.

Gott – und der Schein einer Glühbirne.
Genau wie ihr Licht brauche ich Gott –
ganz und gar alltäglich.
Wenn ich mitten in der Nacht aufwache und mir bange ist,
brauch ich ein Licht, das die Furcht nimmt.
Wenn in der Dämmerung die Konturen verschwimmen,
ich mich nicht mehr orientieren kann,
brauch ich ein Licht, das Klarheit schafft.
Wenn meine Tage sich verdunkeln
und mir der Mut sinkt,
wenn ich mich nicht mehr zurechtfinde
in den vier Wänden meines Lebens,
brauch ich ein Licht, das meine Stimmung aufhellt,
das mich ermutigt;
wenn die Trauer wie ein Nebel die Sicht nimmt
und sich finster auf die Seele legt,
dann brauch ich ein Licht, das mich tröstet.
Und Gott bleibt es nicht schuldig,
er ist alltäglich nahe,
er ist mitten am Tage, mitten in der Nacht da.
Er ist da, alltäglich,
mit seinem alltäglichen Licht.
Darüber muss ich mir keine Gedanken machen. –
Aber gut zu wissen ist es doch!

Gebet:
Mein Gott,
sei da, sei einfach da, wie selbstverständlich,
damit ich mich geborgen weiß.

Und ab und an zünd mir ein Licht an,
damit ich dich spüre und weiß:
Du bist ein verlässlicher Gott.
Amen

3. Von Gott kommt mir – ein Scheinwerferlicht
📖 Lesung: Epheser 5,8-14

Ihr wart früher Finsternis; nun aber seid ihr Licht in dem
Herrn. Lebt als Kinder des Lichts; die Frucht des Lichts ist
lauter Güte und Gerechtigkeit und Wahrheit.
Prüft, was dem Herrn wohlgefällig ist, und habt nicht Ge-
meinschaft mit den unfruchtbaren Werken der Finsternis.
Das alles aber wird offenbar, wenn's vom Licht aufge-
deckt wird; denn alles, was offenbar wird, das ist Licht.

Jetzt stehen wir vor der Bühne oder sitzen im Zirkus,
schlendern durch das Museum. Das Licht des Schwein-
werfers hebt etwas hervor: den Künstler, den Clown, das
Bild. Scheinwerferlicht macht sichtbar, macht etwas oder
jemanden wichtig. Es zeigt an: Darauf sollt ihr achten,
den sollt ihr bemerken!
Manchmal ärgert mich dieses Licht, das etwas hervorhebt,
das etwas (buchstäblich) ans Licht bringt – vielleicht will
ich das ja gar nicht sehen, auf das da besonders gezeigt
wird; und manchmal brauche ich dieses Licht, um etwas
zu entdecken, um Verlorenes und lang Gesuchtes wieder-
zufinden.
Ab und an ist es nötig, genau zu schauen, richtig hinzu-
sehen, um zu merken, was wirklich wichtig ist, was mein
Leben wirklich bestimmt, einengt oder voranbringt.

Bei Lichte besehen,
bei Gottes Licht besehen,
ist mein Leben, bin ich selbst nicht hell und licht.
Ich habe meine Schatten,
und mein Leben hat Schattenseiten.
Unter beidem leide ich.
Bei Lichte besehen,
bei Gottes Licht besehen,
ist mein Leben, bin ich selbst mehr,
als ich vor Augen habe.
Ich habe meine Möglichkeiten,
mein Leben bietet viele Chancen.

Die Grenzen und Schatten,
die Weiten und Möglichkeiten,
auf all dieses fällt Gottes Scheinwerferlicht.
Aber: Es ist ein gnädiges Licht.
Gott hat nicht im Sinn,
ans Licht zu zerren,
was mich belastet, was mich schwer atmen lässt.
Er taucht das ins Licht,
was Heilung braucht – und er heilt!
Er taucht das ins Licht,
was Zukunft hat – und er ermutigt mich.
Er taucht das ins Licht,
was er liebt –
und er liebt mich mit den Schatten und den Grenzen,
mit all meinen Möglichkeiten.

Gebet:
Mein Gott,
bei Lichte besehen bin ich nicht,

wie du mich gemeint hast;
bei Lichte besehen bin ich nicht der Mensch,
der ich sein möchte.
Aber es ist dein Licht, das mich anstrahlt –
du nimmst mich an,
du machst mich heil,
du erhellst mich.
Amen

4. Von Gott kommt mir – ein Flutlicht
📖 **Lesung:** Offenbarung 22,1-5

Und er zeigte mir einen Strom lebendigen Wassers, klar
wie Kristall, der ausgeht von dem Thron Gottes und des
Lammes; mitten auf dem Platz und auf beiden Seiten des
Stromes Bäume des Lebens, die tragen zwölfmal Früchte,
jeden Monat bringen sie ihre Frucht, und die Blätter der
Bäume dienen zur Heilung der Völker.
Und es wird nichts Verfluchtes mehr sein. Und der Thron
Gottes und des Lammes wird in der Stadt sein, und seine
Knechte werden ihm dienen und sein Angesicht sehen,
und sein Name wird an ihren Stirnen sein.
Und es wird keine Nacht mehr sein, und sie bedürfen
keiner Leuchte und nicht des Lichts der Sonne; denn Gott
der Herr wird sie erleuchten, und sie werden regieren von
Ewigkeit zu Ewigkeit.

Wer schon auf Fußballplätzen stand, auf Tennisplätzen
oder auf großen Parkplatzarealen, der kennt es: das Flutlicht, das das ganze Rund erhellt. Da gibt es nur noch
spärlich Schatten, jeder Winkel ist ausgeleuchtet, der

Torraum genauso wie der Anstoßpunkt, tote Winkel soll es nicht geben, alles soll sichtbar sein – das tut dem Spiel gut, alle haben die gleichen Bedingungen. Und auf den Parkplätzen nimmt das Licht die Angst – hier kann sich keiner verstecken.

Ob es so sein wird, ob es auf diese Weise scheinen wird, das Licht, das verheißen ist, für die Zeit nach der Zeit? Ich stelle es mir so vor: ein Licht, das keine Schatten mehr zulässt, ein Licht, das keine toten Winkel kennt, weil der Tod besiegt ist, weil er sich nicht mehr dunkel auf meine Zeit legen kann. Ein Licht, das die Welt erfüllt, die Kontinente und Meere, die Flüsse, Wälder, Berge und Seen, das in die kleinsten Ecken strahlt, ein Licht, das mir die Seele hell macht, das mich warm einhüllt und das mich heilsam ausfüllt.

Gottes Licht.
Dasselbe, das er ins Dasein rief am ersten Tag –
und die Erde war noch wüst und leer.
Das Licht, das aus seinem Wort strahlt –
und es zeigt Wege, führt durch dunkle Täler,
nimmt die Furcht.
Das Licht, das in die Welt kam –
und die Todesschatten verloren ihre Macht,
die Dunkelheit hat nicht mehr das letzte Wort.
Gottes Licht.

Darauf gehen wir zu,
das ist das Ziel unseres Lebens,
das Ziel der ganzen Schöpfung.

Dann heben wir doch schon mal den Blick!
In Gottes Flutlicht werden wir baden,
in Gottes Flutlicht werden wir heil,
diese Aussicht –
malt sie uns nicht ein helles Lächeln ins Angesicht?

Möglich wäre es!

Gebet:
Mein Gott,
so eine lichte Zukunft!
Hilf mir, schon hier und jetzt
den einen oder anderen Strahl zu fassen,
damit sich die Aussicht nach dort
in Zuversicht verwandle hier.
Amen

(Philipp Nicolai, Ein geistlich Braut-Lied der glaeubigen Seelen / von Jesu Christo irem himmlischen Braeutgam, Originaltext in: Geistliche Lyrik, hg. v. Jörg Löffler und Stefan Willer, Verlag Philipp Reclam jun., Stuttgart 2006, S. 77-79)

Anhang

Die vorgeschlagenen Lieder aus den Regionalteilen Baden/Elsass/Lothringen (EG Baden) und Bayern/Thüringen (EG Bayern/Thüringen) sind (mit einer Ausnahme) auch in anderen Regionalteilen des Evangelischen Gesangbuches zu finden:

Künftig! Auskunft – Gottesdienst zum 3. Advent:
Kündet allen in der Not ... (EG Bayern/Thüringen 540) –
exklusiv in Bayern/Thüringen

Künftig! Zukunft – Gottesdienst zum 4. Advent
Oculi nostri ... (EG Baden 789.5) –
auch in
EG Reformierte Kirche 582
EG Rheinland/Westfalen/Lippe 582

Mache dich auf, werde licht. Vier Andachten im Advent
Mache dich auf und werde licht ... (EG Baden 545) –
auch in
EG Bayern/Thüringen 539
EG Pfalz 545
EG Reformierte Kirche 537
EG Rheinland/Westfalen/Lippe 537

Durch ein' Dornwald. Christmette zur Heiligen Nacht
Magnificat ... (EG Baden 623) –
auch in
EG Bayern/Thüringen 605
EG Hessen-Nassau 600
EG Kurhessen-Waldeck 600
EG Niedersachsen/Bremen 579

EG Pfalz 622
EG Reformierte Kirche 588
EG Rheinland/Westfalen/Lippe 588

Stresstest. Gottesdienst zum Altjahrsabend
Von guten Mächten ... (Melodie S. Fietz) (EG Bayern/Thüringen 637) –
auch in
EG Reformierte Kirche 652
EG Rheinland/Westfalen/Lippe 652
EG Württemberg 541
Meine Zeit steht in deinen Händen ... (EG Baden 644) –
auch in
EG Pfalz 644
EG Württemberg 628

Schneller, höher, weiter. Gottesdienst zum Altjahrsabend
Von guten Mächten ... (Melodie S. Fietz) (EG Bayern/Thüringen 637) –
auch in
EG Reformierte Kirche 652
EG Rheinland/Westfalen/Lippe 652
EG Württemberg 541

Kannitverstan. Gottesdienst zum Neujahrsmorgen
Meine Zeit steht in deinen Händen ... (EG Baden 644) –
auch in
EG Pfalz 644
EG Württemberg 628
Wir haben Gottes Spuren festgestellt ... (EG Baden 665) –
auch in
EG Pfalz 655

EG Reformierte Kirche 648
EG Rheinland/Westfalen/Lippe 648
EG Württemberg 656

Alles so schön bunt hier! Gottesdienst zum Epiphaniastag
Mache dich auf und werde licht ... (EG Baden 545) –
auch in
EG Bayern/Thüringen 539
EG Pfalz 545
EG Reformierte Kirche 537
EG Rheinland/Westfalen/Lippe 537